現代日本語の数量を表す形容詞の研究

ひつじ研究叢書〈言語編〉

第 188 巻　条件文の日中対照計量的研究　　　　　　　　　　李光赫・趙海城 著

第 190 巻　書き言葉と話し言葉の格助詞　　　　　　　　　　　　丸山直子 著

第 191 巻　語用論的方言学の方法　　　　　　　　　　　　　　　　小林隆 著

第 192 巻　話し言葉における受身表現の日中対照研究　　　　　　　陳冬姝 著

第 193 巻　現代日本語における意図性副詞の意味研究　　　　　　　李澤熊 著

第 194 巻　副詞から見た日本語文法史　　　　　　　　　　　　　　川瀬卓 著

第 195 巻　獲得と臨床の音韻論　　　　　　　　　　　　　　　　　上田功 著

第 196 巻　日本語と近隣言語における文法化　　　ナロック ハイコ・青木博史 編

第 197 巻　プラグマティズム言語学序説　　　　　　　山中司・神原一帆 著

第 198 巻　日本語変異論の現在　　　　　　　　　　　大木一夫・甲田直美 編

第 199 巻　日本語助詞「を」の研究　　　　　　　　　　　　　　　佐伯暁子 著

第 200 巻　方言のレトリック　　　　　　　　　　　　　　　　　半沢幹一 著

第 201 巻　新漢語成立史の研究　　　　　　　　　　　　　　　　　張春陽 著

第 202 巻　「関係」の呼称の言語学　　　　　　　　　　　　　　　薛鳴 著

第 203 巻　現代日本語の逸脱的な造語法「文の包摂」の研究　　　　泉大輔 著

第 204 巻　英語抽象名詞の可算性の研究　　　　　　　　　　　　小寺正洋 著

第 205 巻　音声・音韻の概念史　　　　　　　　　　　　　　　　阿久津智 著

第 206 巻　近現代日本語における外来語の二層の受容　　　　　　　石暘暘 著

第 207 巻　「ののしり」の助動詞でなにが表現されるのか　　　　村中淑子 著

第 208 巻　近・現代日本語謙譲表現の研究　　　　　　　　　　　伊藤博美 著

第 209 巻　アヤクーチョ・ケチュア語の移動表現　　　　　　　　諸隈夕子 著

第 210 巻　人はどのようにことばを使用するのか

　　　　　　　　　　須賀あゆみ・山本尚子・長辻幸・盛田有貴 編

第 211 巻　日本語表記の多様性　　　　　　　　　　　　　　　　岩崎拓也 編

第 212 巻　方言オノマトペの形態と意味　　　　　　　　　　　川﨑めぐみ 著

第 214 巻　現代日本語の数量を表す形容詞の研究　　　　　　　　　包雅梅 著

ひつじ研究叢書
〈言語編〉
第214巻

現代日本語の
数量を表す形容詞の研究

包雅梅 著

ひつじ書房

まえがき

　本書は主に「多い／少ない」を対象として現代日本語における数量を表す形容詞を分析する。「多い／少ない」は数量を表す形容詞の中でも興味深い特徴がある。装定の位置で名詞を修飾するのが形容詞の主な用法の一つであるが、（2）が示すように、「多い／少ない」は形容詞で装定の位置に現れにくい。その使用制限は、「多い／少ない」がものの多寡、すなわち数量を表すことによると簡単に説明できると思われがちだが、（3）が示すように、「多い／少ない」の類義語類は装定できる。（2）と（3）の対比から、「多い／少ない」が装定の位置に現れにくい理由は、その類義語類との違いないし形容詞の分類、および形容詞の装定用法の機能といった課題が関わっていると考えられる。

(1) a. 大きい山がそびえている。　　　　　　　　　　（仁田 1980）
　　 b. 大きい蟻が歩いている。　　　　　　　　　　　（寺村 1991）
　　 c. 高い山に登ると、平地では見られないチョウに出会う。
　　　　　　　　　　　　　　　　　　　　　　　　　　（BCCWJ）
　　 d. 長い髪を肩を揺すって後ろに流す仕草など、別人とは
　　　　思えない。　　　　　　　　　　　　　　　　　（BCCWJ）
(2) a. *多い人が庭に集まっている。　　　　　　　　　（仁田 1980）
　　 b. *多い女の人が歩いてきた。　　　　　　　　　　（仁田 1980）
　　 c. *少ない本がある。　　　　　　　　　　　　　　（仁田 1980）
　　 d. *きのう電車事故があって、少ない人がけがをしました。
　　　　　　　　　　　　　　　　　　　　　　　　　（寺村 1991）
(3) a. {おびただしい／*多い} 人が庭に集まっている。
　　 b. 国会図書館には {膨大な／*多い} 書物がある。
　　 c. 倉庫には {豊富な／*多い} 食料がある。

v

d. そのプロジェクトには {潤沢な／* 多い} 予算が配分された。

e. アフリカには {希少な／* 少ない} 資源がある。

f. {わずかな／* 少ない} 金が大きなトラブルの元になることがある。 （いずれも今井2012）

　また、（4）のような「多い／少ない」が装定する例もある。「多い／少ない」が装定できる場合とできない場合の原因は形容詞の装定用法の機能、および名詞句の解釈を考える上で興味深い問題となる。

（4）a. 多い資源だからと言って無駄に使ってはいけない。

　　 b. 少ない資源を大切にしよう。

　　 c. ただでさえ多い人が週末にはもっと多くなる。

　　 d. 少ない資料で正しい結論を出すのは難しい。

　　 e. 少ない金をはたいて本を買った。

　　 f. 少ない店員で能率的な経営をする。　（いずれも仁田1980）

　さらに、日本語では装定で被修飾名詞の数量を表す場合、「多くの」「少しの」が使われる。日本語教育の現場では「多い／少ない」の代わりに、「多くの／少しの」を使うと説明されている。たしかに、（5）のように、「多くの／少しの」が被修飾名詞の数量を表している。一方、（6）といった「多い／少ない」が装定できる例では、「多くの／少しの」に置換すると文の意味が変わってしまうか、文が容認されなくなる。そこで、両者が名詞を修飾する場合の機能には違いがあることも考えられる。

（5）a. 庭に多くの女の人がいる。　　　　　　　 （仁田1980）

　　 b. 多くの人は、イエス・キリストを信じている人は日常生活（人生）の中で不安や悩みを持たないと思っているのかもしれません。　　　　　　　　　　 （BCCWJ）

　　 c. ベンチには少しの男の人しかいない。　　 （仁田1980）

d. 少しの資金と知識があれば、誰でもすぐにできます。

(BCCWJ)

(6) a. {多い／*多くの} 資源だからと言って無駄に使っては
いけない。

b. ただでさえ {多い／*多くの} 人が週末にはもっと多く
なる。

c. {多い／#多くの} 髪の毛を忙しい折からとて結び髪に
して。

d. 日本で {多い／*多くの} 苗字と言えば、鈴木、佐藤、
山田などだけど、さて、アメリカ人に {多い／*多く
の} 苗字って何だろう。

e. この辺で {多い／*多くの} 事故は車と自転車の接触事
故です。

f. {少ない／#少しの} 資源を大切にしよう。

g. {少ない／#少しの} 資料で正しい結論を出すのは難し
い。

h. {少ない／*少しの} 店員で能率的な経営をする。

　また、「多い／少ない」が単独で装定しにくい場合が見られるこ
とと同時に、(7) が示すように「数が {多い／少ない}」と「量が
{多い／少ない}」が装定できないわけでもない。jaTenTen11で調
べた結果、「数が多い／数が少ない／量が多い／量が少ない」が装
定する例はそれぞれ79、282、91、108例ある。そうだとすると、
「多い／少ない」が単独で装定しにくい場合、「数が／量が」を補え
ば文が容認されるようになるのか。そうでなければ (7) のような
例が容認される理由は何であるかといった疑問も考えられる。

(7) a. 問題の種類や数が多い総合問題なので、読解力だけで
なく、総合的な英語力が必要。

b. 量が多い軟膏を出しますので、お尻も股にもたっぷり
と付けて上げてください。

c. イヌノフグリは決して数が少ない植物ではないのです。

まえがき　VII

d. 量、品質の安定というのが市場、スーパーで取り扱う
ために必要。美味しいけど量が少ない野菜や魚は、悲
しいかな市場に出せない。 （いずれも jaTenTen11）

　さらに、数量を表す形容詞は多くの言語で、他の形容詞と異なる
振る舞いを示す。例えば、中国語の「多（多い）」、「少（少ない）」
は日本語の「多い／少ない」と同じように、単独では装定の位置に
現れないことが中川（1975）、朱（1982）などによって指摘されて
いる。(7) がその例である。英語の *many*、*few*、*much*、*little* は、
(8) が示すように、*tall* のような形容詞と同じ用法もあり、*some*、
all のような量化表現と同じ用法も持っている。それらを形容詞と分
類するか、量化詞と分類するかが従来問題にされてきている。英語
の *many*、*few*、*much*、*little* に関する研究には Solt（2008, 2015）、
Rett（2018）などが挙げられる。周（2018）も指摘しているように異なる言語間には平行する言語現象がよく見られ、それらを対象
にした言語を超えた対照研究は有益である。

(8) a. *{多／多的} 书 （多い本）
　　 b. *{少／少的} 书 （少ない本）
　　 c. {好／好的} 书 （いい本） （いずれも作例）
(9) a. {Many/few} guests left.
　　 b. {Tall/short} guests left.
　　 c. {All/some} guests left.
　　 d. John's regrets are {many/few}.
　　 e. John's children are {tall/short}.
　　 f. *John's regrets are {all/some}. （いずれも Rett 2018）

　このように、数量を表す言葉を巡って、いろいろな不思議な言語
現象が見られる。本書では、「多い／少ない」の使用制限を中心に
それらの言語現象を見ていく。

目　次

まえがき	V

第1章　なぜ数量を表す形容詞を研究するのか　　I
1.　はじめに　　I
2.　本書の研究背景と位置付け　　4
3.　本書で取り扱う諸概念　　5
4.　本書の構成　　6

第2章　先行研究の検討と本研究の位置付け　　9
1.　「多い／少ない」が装定しにくい理由　　9
　　1.1　内在的形容説とその問題点　　9
　　1.2　存在意味説とその問題点　　I3
　　1.3　「多くの／少しの」との相補分布説　　26
2.　「多い／少ない」が述定用法における使用制限　　3I
3.　「多い／少ない」の使用条件　　33
4.　先行研究の問題点のまとめと本研究の主旨　　38

第3章　「多い／少ない」とその類義語類　　43
1.　日中形容詞の装定用法の機能　　45
2.　中国語の性質形容詞と状態形容詞　　49
　　2.1　「非有界」である性質形容詞と「有界」である状態形容詞　　52
　　2.2　形容詞の有界性と段階性　　54
3.　「多い／少ない」とその類義語類の違い　　6I
　　3.1　「多い／少ない」とその類語類の述定用法　　6I
　　3.2　「多い／少ない」とその類義語類の装定用法　　66
4.　本章のまとめ　　75

IX

第4章　「多い／少ない」と他の段階形容詞　　79

1. 「多い／少ない」を段階形容詞として分析する基盤　　79
2. 段階形容詞の意味　　81
   2.1 日本語の段階形容詞と「次元が成り立つ領域」という概念　　83
   2.2 「高い」と「多い／少ない」　　89
3. 「多い／少ない」の段階形容詞としての意味　　91
4. 「多い／少ない」が段階形容詞であることとその使用制限　　96
   4.1 「多い／少ない」の次元と次元が成り立つ領域　　98
   4.2 「数／量」が「次元が成り立つ領域」になる条件　　108
5. 本章のまとめ　　112

第5章　「多い／少ない」の使用条件　　117

1. はじめに　　117
2. 段階形容詞の修飾のあり方　　117
   2.1 「高い」との比較から　　118
   2.2 数量詞との比較から　　119
3. 「多い／少ない」と「多くの／少しの」　　121
4. 「多い／少ない」が装定できたりできなかったりする原因　　125
   4.1 名詞の解釈と文脈の関係　　125
5. 「多い」と「少ない」の非対称性　　130
   5.1 「多い」と「少ない」の非対称に関する先行研究　　130
   5.2 「少ない」の否定の性質　　133
   5.3 「少ない」による装定の実例の考察　　137
6. 本章のまとめ　　143

第6章　結論　　147

1. 各章のまとめ　　147
2. 本書の意義　　150
3. 今後の課題と展望　　151
   3.1 「多い／少ない」の次元と次元が成り立つ領域　　151
   3.2 数量と存在　　154

参考文献　　159

あとがき　　165

索引　　167

第1章

なぜ数量を表す形容詞を研究するのか

1. はじめに

　現代日本語の形容詞についての研究は、主に形容詞の分類の研究
（西尾 1972、仁田 1975、荒 1989、樋口 1996 など）、形容詞の文
中での機能（八亀 2004、2008 など）の研究が挙げられる。形容詞
の分類の研究は、形容詞を属性形容詞、感情形容詞に分類する、形
容詞が表す時間的限定性によって形容詞を特性形容詞、状態形容詞、
存在形容詞に分類する、といったタイプの研究である。

　形容詞の文中での機能としては、限定的修飾と非限定的修飾が挙
げられる。形容詞の文中での機能についての研究は、形容詞の文中
での位置（装定あるいは述定）とその機能の関係、また、装定する
場合、さらに被修飾名詞が特定のものを表すかどうかによって形容
詞の機能が決まるといった点が論じられている。

　本研究は、主に現代日本語の数量を表す形容詞の「多い／少な
い」を研究対象とする。数量を表す形容詞が多くの言語で特殊な振
る舞いを示す。現代日本語の数量を表す形容詞の「多い」と「少な
い」が装定用法において使用制限があることが中川（1975）以来
たびたび指摘され、研究されている。例えば、仁田（1980）、寺村
（1991）、木下（2004）、今井（2012）、田中（2018）などが挙げ
られる。さらに、佐野（2016）は、数量を表す形容詞「多い」は
装定用法だけではなく、述定用法にも使用制限があると指摘してい
る。

　本書では、「多い」と「少ない」が装定用法と述定用法の両方に
おいて使用制限があるという現象を中心に、その使用制限がある理
由を説明することを主な研究目的とする。

　また、「多い」と「少ない」の使用制限を説明するにあたっては、

I

「多い／少ない」の類義語の「おびただしい、膨大だ、豊富だ、潤沢だ、希少だ、わずかだ」などが装定できる理由、さらに、「多い」と「少ない」が装定できるいくつかの例外が容認される理由を同時に説明する必要がある。それから、以上の問題を説明すると同時に、「多い／少ない」と連体数量詞の「多くの、少しの」の違いを考えるのに新たな視点が提供できると考えられる。

　「多い／少ない」の使用制限がある理由を議論する先行研究では、上述の全般的な形容詞の研究成果に基づいて、「多い／少ない」を特徴づけ、その使用制限がある理由を説明している。例えば、形容詞の分類の観点から「多い／少ない」を属性形容詞と位置付ける研究（仁田1980）、「多い／少ない」を存在を表す形容詞と位置付ける研究（今井2012）が挙げられる。また、形容詞の文中での機能の観点から、「多い／少ない」は非限定的修飾の機能を持ち得ないと説明し、その使用制限を解釈する研究（寺村1991）などがある。

　本研究と先行研究の違いは、「多い／少ない」を日本語の形容詞の先行研究ではあまり注目されていなかった段階形容詞という種類の形容詞として位置付け、「多い／少ない」の段階形容詞としての意味と修飾のあり方を議論するところにある。

　Sapir（1944）は段階性（gradability）は、名詞、動詞、副詞、形容詞といった品詞に見られる普遍的な特性であるとしている。形容詞は段階性によって段階形容詞（gradable adjective）と非段階形容詞（non-gradable adjective）に分けられている。両者の違いは、比較級と最上級の有無と度合い構文（degree construction）での生起可能性などに反映される。（1）でそれぞれの例を挙げている（Kennedy2007、Wellwood2019などを参照）。

（1）　a.　tall, fast, expensive, deep, long, old　（gradable adjective）

　　　b.　dead, pregnant, hexagonal, daily, wooden

　　　　　　　　　　　　　　　　　　　　（non-gradable adjective）

　数量を表す形容詞についての先行研究の多くは、「多い／少ない」と他の形容詞との違いに注目して分析している。「多い／少ない」

を属性形容詞とし他の属性形容詞との違いを論じる研究、数量を表す形容詞が存在構文に現れる点において他の形容詞とは異なることを論じる研究、数量形容詞が比較を表す点で他の形容詞と異なると主張する研究、などが挙げられる。本研究は、むしろ、「多い／少ない」を段階形容詞とし、「高い、長い、深い、広い、大きい」などのような他の段階形容詞との類似点に基づいて議論する。他の形容詞との類似点に着目する点で、これまでの研究と異なる方向性を示したと言える。「多い／少ない」が段階形容詞としての意味と修飾のあり方を明らかにすることによって、上述のいくつかの解決する必要がある問題が説明できることを示す。

　最後に、数量を表す形容詞の使用制限を研究するにあたって、数量を表す形容詞の分類やそれらが文中で働く機能なども避けられない課題である。本書では、数量を表す形容詞の使用制限が、連体修飾節の機能、形容詞の多様な意味的特徴、名詞句の解釈のあり方といった一般的な課題と関わっており、それらが複合的に働いて生じる言語現象であることを示す。

　仁田（1980）と周（2018）が述べるように、特殊なものへの考察はより一般的な問題を解明する鍵であり、数量を表す形容詞のような特殊な振る舞いを示す形容詞が注目する価値のある研究対象である。つまり、前述の数量を表す形容詞と関係するいくつかの問題を説明することで、形容詞の文中での機能、形容詞の修飾のあり方のような、形容詞全般の研究に新たな視点を提供することも可能になる。

　本書では、上述の先行研究を包括的に概観し、それらの問題点を整理した上で、「多い／少ない」の使用制限がある理由を論じることを通して、現代日本語の数量を表す形容詞の本質を明らかにすることを目指す。

　さらには、中国語と英語の形容詞に関する先行研究も研究視野に取り入れながら、数量を表す形容詞の研究は日本語の形容詞全般の文中での機能を検討するのに新たな視点を提供することを示唆する。

　本章では、本書の研究背景や目標を述べて本書の位置付けを明確にした上で、本書の構成を示す。次節で本書の研究背景として、日

本語の数量を表す形容詞に関する先行研究を概観する。

2. 本書の研究背景と位置付け

　日本語の数量を表す形容詞に関しては、主に以下の4つのタイプの研究が挙げられる。仁田（1980）、寺村（1991）、今井（2012）、佐野（2016）などは「多い」と「少ない」の装定の困難性の原因についての研究である。木下（2004）、田中（2018）は「多い」と「少ない」の使用条件についての研究である。今仁・宝島（2008）、王（2011）は、「多い／少ない」と「多くの、少しの」の違いを考察する研究である。佐野（2017）、八亀（2021）は「多い／少ない」の使用状況を記述する研究である。

　このように多くの研究があるものの、これらは数量形容詞に関わる多岐にわたる問題のすべてを十分に扱えていないと思われる。例えば、仁田（1980）は、「多い／少ない」の装定用法における制限を、それらが被修飾名詞の内在的性質の形容になっていないから、としている。一方、今井（2012）は「多い／少ない」の類義語の「おびただしい、膨大だ、豊富だ、潤沢だ、希少だ、わずかだ」を挙げ、それらが装定できることを指摘し、仁田（1980）の主張を批判している。今井（2012）は「多い」を「たくさんある・いる」、「少ない」を「少ししかない」とパラフレーズし、それらの装定用法における制限を「多い／少ない」に含まれる〈存在〉の意味によるものとしている。しかし、佐野（2017）はさらに「多い」と「たくさんある・いる」の違いを指摘し、今井（2012）の主張を批判している。また、寺村（1991）は形容詞の文中での機能に基づいて分析を行い、「多い」と「少ない」は「範囲限定の品定め」という機能が働かないために、装定用法において使用制限があると述べている。さらに、佐野（2016）は、「多い」の装定の困難性が述定における使用制限と関わっていることを指摘している。

　このように、「多い／少ない」の装定用法の使用制限の原因をめぐる問題は、それぞれの研究が現象の一部の側面のみを取り上げるものであり、全体を包括する研究がまだなされていない状況にある

と言える。

3. 本書で取り扱う諸概念

　本研究では、形容詞の連体修飾用法を「装定用法」、形容詞が述語として使われる用法を「述定用法」と呼ぶ。Jespersen（1924）は（2a）（2b）の用法をそれぞれ nexus と junction と呼んでいる。佐久間（1958）は、英語の nexus と junction という 2 つの用語をそれぞれ、「装定」と「述定」に訳し、装定と述定という用語が使われてきたのである。寺村（1991）も装定と述定という用語を使っている。

（2）a. The rose is red.
　　 b. the red rose　　　　　　　　（いずれも Jespersen1924）

　また、数量を表す形容詞は「多い、少ない、おびただしい、膨大だ、豊富だ、潤沢だ、希少だ、わずかだ」などのことを指す。そのうち、「膨大だ」などが装定する場合、「膨大な」となるが、本研究では、辞書形をそれらの原形だと考え、「「膨大な」の装定用法」ではなく、「「膨大だ」の装定用法」のような表現を使う。
　そして、段階形容詞という用語は、gradable adjective の訳である。安井他（1976）では gradable adjective を段階的形容詞と訳し、仲本（2012）はそれを段階形容詞と呼ぶ。本研究では段階形容詞という訳を使う。non-gradable adjective は非段階形容詞という訳を使う。
　連体数量詞という用語は、田中（2015）で使われている用語で、遊離数量詞に対して、連体用法を持つ数量詞のことを連体数量詞と呼んでいる。本研究は田中（2015）に従い、「多くの、少しの」を連体数量詞と呼ぶ。

4. 本書の構成

　現代日本語の数量を表す形容詞の本質を明らかにするにあたっては、「多い／少ない」の使用制限の理由、類義語の「おびただしい、膨大だ、豊富だ、潤沢だ、希少だ、わずかだ」などが装定できる理由、特定の文脈において「多い／少ない」の装定用法が可能になる理由、という3つの問題を解釈する必要がある。それに応じて本書の構成は以下のようになる。

　本章に続く第2章では、日本語の数量を表す形容詞に関する先行研究を概観し、その問題点を指摘してから、本研究の主旨と位置付けを説明する。

　第3章では、「多い／少ない」とその類義語の「おびただしい、膨大だ、豊富だ、潤沢だ、希少だ、わずかだ」の相違について議論する。数量を表すという点において、両者は同じであるが、段階性においては両者は異なるということを示す。さらに、中国語の形容詞の文中での機能に関する研究を参考に、段階性に関する特徴が形容詞の文中での機能と関係することを論じる。形容詞の段階性がその機能に影響するということは、日本語の形容詞に関する先行研究では論じられていない、新たな視点である。それに基づき、段階性における違いによって、「多い／少ない」とその類義語の振る舞いの違いが説明されることを示す。

　第4章では、前章に引き続き、「多い／少ない」の段階性に基づいて、「多い／少ない」の段階形容詞としての性質に注目する。段階形容詞は個体ないし個体の集合をスケール（scale）に写像する測量関数（measure function）を表すという形式意味論の研究成果を参考に、この点において、「多い／少ない」は他の段階形容詞の「高い、長い、深い、広い、大きい」などと同じであることを論じ、それに基づいて分析を行う。さらに、英語の段階形容詞と日本語の段階形容詞の違いに基づき、段階形容詞の性質をより正確に記述するための概念の「次元が成り立つ領域」を提案する。

　第5章では、段階形容詞の修飾のあり方の議論に基づき、「多い／少ない」が段階形容詞として、被修飾名詞そのものの数量を直接

表さないという特徴を持つために使用制限があることを示し、その具体的なメカニズムと使用条件を説明する。それと同時に、先行研究で挙げられている「多い／少ない」が装定できるいくつかの例外がある理由と、「多くの」「少しの」が一般に装定が可能であるという対比について説明を試みる。さらに、「多い」より「少ない」が装定しやすいという両者が非対称性を示す理由についても議論する。

　第6章では、本研究のまとめと今後の課題について述べる。

第2章

先行研究の検討と本研究の位置付け

　本章では、日本語の数量を表す形容詞の「多い／少ない」に関する先行研究を概観し、その問題点を指摘する。その上で、本研究の主旨を述べ、本研究の分析において理論的背景となる段階形容詞に関する基本概念を説明する。次の節では、「多い／少ない」の装定用法において使用制限がある理由に関する先行研究を紹介する。

1.「多い／少ない」が装定しにくい理由

　「多い／少ない」が装定しにくい理由については、主に3つの立場の研究に分けられる。1つ目は「多い／少ない」を属性形容詞としての性質に基づいて分析する内在的形容説である。2つ目は「多い／少ない」の存在を表す述語としての性質に基づく分析である存在意味説である。3つ目は「多い／少ない」は「多くの／少しの」と相補分布を成す説であり、相補分布説と呼ぶことにする。

　また、「多い／少ない」の使用条件に注目する研究は、主に「多い／少ない」が比較を表すことに基づく分析である。比較対象の明示化や、比較対象と量化対象の両方を備えることが「多い／少ない」の使用条件である。それらを比較意味説としてまとめる。

1.1　内在的形容説とその問題点

　仁田（1980）は形容詞の装定用法の意味論的なあり方は主要語の限定化という機能であるとし、主要語を限定することは、主要語が本来的に内包していると考えられる性質、属性を引き出すといった形で行われると説明している。一方、「数量」は「物」が内在的に有しているあり方の一類型ではなく、「物」が存在する時に帯びる外在的なあり方の一類型であるため、意味論的にそういった限定

9

化を取れない、連体形による装定用法を持たないと述べている。この主張を今井（2012）に従い、内在的形容説と呼ぶことにする。

　一方、（1）が示すように、「多い／少ない」の連体形による装定用法が可能な場合もある。仁田（1980）は（1a）の「少ない資源」は、「埋蔵量が少ない資源」といった意味であり、主要語である「資源」の埋蔵量といった性質、属性が自らの内在的に有する性質、属性であると説明している。（1b）に関しても同じである。（1c, d）についても内在的形容説に沿って説明すると、主要語の「金」「資料」のいずれも量的側面といったものが、自らの性質、属性の一つとして扱われていると説明することになる。すなわち、「多い／少ない」が表している「量」が（1）の各被修飾名詞の属性であるため、「多い／少ない」が装定できるとするのである。

(1)　a.　少ない資源を大切にしよう。

　　　b.　多い資源だからと言って無駄に使ってはいけない。

　　　c.　少ない金をはたいて本を買った。

　　　d.　少ない資料で正しい結論を出すのは難しい。

（いずれも仁田1980）

　内在的形容説は「多い／少ない」を属性形容詞として扱っていると考えられる。属性形容詞の装定用法は被修飾名詞の内在的に有する性質、属性を表す必要があるという前提に基づき、「多い／少ない」は被修飾名詞の内在的に有する性質、属性を表していないために装定用法において使用制限があるということになる。

　結論から述べれば、本研究の立場は仁田（1980）と一致するところもある。例えば、仁田（1980）は、（2）は資源の種類の数について述べているのに対して、（1b）は「多い」が「資源」の量といった観点から述べていると指摘しているが、「多い／少ない」が被修飾名詞の「数／量」的側面について叙述するという点では本研究も同じ立場に立つ。

(2)　多くの資源を無駄に使った。　　　　　　　　（仁田1980）

しかし、説明が十分になされていない点もあると考えられる。ここで、内在的形容説の問題点を2つ挙げる。1つは主要語の名詞句の解釈を文脈において捉えることをしていない点である。仁田（1980）は（3）のいくつかの例を挙げ、それらの例についてはまだ説明できないと明言している。（3）の各例が内在的形容説では説明できないのは、主要語名詞句の解釈を単純化しすぎた結果だと考えられる。本研究では、（1）と（3）が容認される理由を統一的に説明できることを示す。

(3) a. （3つの中で）多い方を取ってください。
    b. ただでさえ多い人が週末にはもっと多くなる。
    c. 少ない店員で能率的な経営をする。　（いずれも仁田1980）

また、上述の内在的形容説の1つ目の問題点に基づき、以下のような反論があり得る。被修飾名詞が「資源、資料、金」であるとき、（4）のように「多い／少ない」が装定できない場合もある。したがって、量的側面といったものが「資源、資料、金」の自らの性質、属性であるというだけでは（4）の容認性の低さが説明できない。

(4) a. *我が国は、多い資源を海外に依存しており，資源産出国の政情不安等による供給の不安定化，高価格化が生じた場合には，我が国経済は大きな問題に直面するものと思われる。
    b. *古典期国家の形成と発展については，オアハカ盆地のサポテカの都であるモンテ・アルバン周辺の調査で，多い資料が得られた。
    c. *投資家が結局迫っている損失をカバーするために、多い金を必要とすると理解したとき、株に衝撃が走りました。
    　　　　　　　　　　　　　　（BCCWJ*1 に基づく作例）

もう1つの問題点は、今井（2012）が指摘しているように、「多い／少ない」の類義語の「おびただしい、膨大だ、豊富だ、潤沢だ、

希少だ、わずかだ」などは装定用法を持つことである。「多い／少ない」の類義語も数量を表すにもかかわらず、装定できることから、内在的形容説はこの「多い／少ない」とその類義語類の違いを統一的に説明できないと言える。

(5) a. {おびただしい／*多い} 人が庭に集まっている。
    b. 国会図書館には {膨大な／*多い} 書物がある。
    c. 倉庫には {豊富な／*多い} 食料がある。
    d. そのプロジェクトには {潤沢な／*多い} 予算が配分された。
    e. アフリカには {稀少な／*少ない} 資源がある。
    f. {わずかな／*少ない} 金が大きなトラブルの元になることがある。
    (いずれも今井2012)

以上のように、「多い／少ない」が被修飾名詞の内在的に有する属性を表していないことは確かであるが、その類義語類が装定用法を持つことから、形容詞が被修飾名詞の内在的に有する性質、属性を表さなければならないという前提が疑われる。さらに、その前提によっては、「多い／少ない」の使用制限を解釈できない現象もある。

これらのことから、「おびただしい、膨大だ、豊富だ、潤沢だ、希少だ、わずかだ」などが装定する場合、どのような機能が働いているのかという疑問が生じる。

本研究では、「多い／少ない」と他の形容詞との違いは、属性を表さないという点ではなく、その語彙的な特性によるものと考える。「多い／少ない」と他の段階形容詞はむしろ共通する特性を持っており、その特性の発現のあり方の違いが両者の振る舞いの違いを決定していると考える。「多い／少ない」とその類義語類の装定用法との機能の違いについても、両者の段階性における違いによると考えることで、適切な説明が与えられることを示す。

1.2 存在意味説とその問題点

今井（2012）は「多い／少ない」の装定用法における使用制限をこれらの語彙に含まれている存在の意味によると分析している。その主張を本研究では存在意味説と呼ぶことにする。

今井（2012）は「多い／少ない」が（6）と（7）のように場所存在文と出来事存在文に現れ、かつ（8）のように他の形容詞が存在文に現れない点で他の形容詞と異なり、「多い／少ない」は存在を表す述語であると指摘している。

(6) ［場所］に（は）［存在物］が［述語］
    a.　駅の近くに居酒屋が多い。
    b.　この辺にはコンビニが少ない。
    c.　休日のキャンパスには学生が少ない。

（いずれも今井 2012）

(7) ［場所］で（は）［出来事］が［述語］
    a.　アラスカではムースとの衝突事故が多い。
    b.　大阪ではいいコンサートが少ない。
    c.　この地域では窃盗事件が少ない。
    d.　日本では、不順な天候によって引き起こされる災害が
       多い。（いずれも今井 2012）

(8) a. ＊チベットには山が高い。
    b. ＊冷蔵庫にはビールが冷たい。
    c. ＊本棚に辞書が分厚い。
    d. ＊隣の家に犬が怖い。（いずれも今井 2012）

そして、（9）が示すように、日本語では主節が存在文である場合、存在物を表す名詞を存在文を使って修飾することはできないことを指摘し、そこから、存在を表す述語の「多い／少ない」も存在物を修飾することができないと説明している。

(9) a. ＊台所にテーブルの上にある皿がある。
    b. ＊学校に教室にいる学生がいる。

第 2 章　先行研究の検討と本研究の位置付け　13

c. ＊テーブルの上に財布の中にあるお金がある。

（いずれも今井 2012）

　また、今井（2012）の存在意味説では、「おびただしい、膨大だ、豊富だ、潤沢だ、希少だ、わずかだ」が装定できるのも、それらの語彙が（10）のように存在文に現れず、存在の意味を含まないからと説明している*2。

（10）a. ＊境内には参拝客がおびただしい。
　　　 b. ＊この倉庫には書物が膨大だ。
　　　 c. ??この地域には資源が希少だ。
　　　 d. ＊冷蔵庫には食料がわずかだ。　　（いずれも今井 2012）

　具体的には、（11）と（12）を挙げて、「たくさん {ある・いる}」を「多い」のパラフレーズとして置換テストをし、主節が存在文である場合、「たくさん {ある・いる}」による存在物に対する連体修飾は容認されないように、「多い」も装定できないという事実を指摘している。

（11）a. ＊台所にたくさんある皿がある。
　　　 b. ＊学校にたくさんいる学生がいる。　　（いずれも今井 2012）
（12）a. ＊図書館に多い専門書がある。
　　　 b. ＊生協の食堂に多い学生がいる。　　（いずれも今井 2012）

　さらに、（13）と（14）を挙げ、「少ししかない」を「少ない」のパラフレーズとして置換テストをし、主節が存在文である場合、「少ししかない」による存在物への連体修飾が容認されないように、「少ない」も装定できないと指摘している。

（13）a. ＊少ししかない本がある。
　　　 b. ＊庭に少ししかいない人がいる。　　（いずれも今井 2012）
（14）a. ＊少ない本がある。

14

b. ＊庭に<u>少ない</u>人がいる。 　　　　　　　（いずれも今井 2012）

　以上のように、今井（2012）は「多い／少ない」は単に数量を表すのではなく、存在の意味を含み、存在を表す述語であるという仮説に基づき、それらの装定用法の可否を説明している。

　たしかに今井（2012）が指摘しているように主節が存在文である場合、存在物は「ある・いる」、「たくさんある・いる」、「少ししかない」、「多い／少ない」などによって修飾されない。

　しかし、「多い／少ない」の使用制限は主節が存在文である場合に限るわけではない。主節が存在文ではない例に関しては、今井（2012）は（15）（16）（17）（18）を挙げ、装定用法の「多い／少ない」の可否は、それぞれ「多くある」と「少ししかない」で置き換えた場合の可否と平行することを指摘している。

(15) a. しらがの<u>多い</u>女の人が歩いて来た。

　　 b. <u>多い</u>資源だからといって無駄に使ってはいけない。

　　 c. （三つの中で）<u>多い</u>方を取って下さい。

　　 d. ＊<u>多い</u>人が庭に集まっている。

　　 e. いちばん<u>多い</u>誤りは冠詞の使い分けです。

　　 f. この辺りは大阪でいちばん映画館が<u>多い</u>所です。

　　 g. この辺りではどんな事故が<u>多い</u>ですか。
　　　　 ──そうですね、この辺りで<u>多い</u>事故は車と自転車の
　　　　　　接触事故です。

　　 h. 消費税が実施されてからどんな苦情がよくきますか。
　　　　 ──いちばん<u>多い</u>苦情は、日常品が高くなって贅沢品
　　　　　　が安くなっていることのようです。

　　 i. ＊この辺は<u>多い</u>映画館がありますね。

　　 j. 日本で<u>多い</u>名字と言えば、鈴木、佐藤、山田などだけど、さて、アメリカに多くある名字って何だろう。

　　 k. 職域で<u>多い</u>心の病気の種類。 　　　　　（いずれも今井 2012）

(16) a. しらがの<u>多くある</u>女の人が歩いて来た。

　　 b. <u>多くある</u>資源だからといって無駄に使ってはいけない。

第2章　先行研究の検討と本研究の位置付け　15

c. （三つの中で）多くある方を取って下さい。

d. ＊多くいる人が庭に集まっている。

e. いちばん多くある誤りは冠詞の使い分けです。

f. この辺りは大阪でいちばん映画館が多くある所です。

g. この辺りではどんな事故が多いですか。

　　——そうですね、この辺りで多くある事故は車と自転車の接触事故です。

h. 消費税が実施されてからどんな苦情がよくきますか。

　　——いちばん多くある苦情は、日常品が高くなって贅沢品が安くなっていることのようです。

i. ＊この辺は多くある映画館がありますね。

j. 日本で多くある名字と言えば、鈴木、佐藤、山田などだけど、さて、アメリカに多くある名字って何だろう。

k. 職域で多くある心の病気の種類。　　（いずれも今井2012）

(17) a. 髪の少ない男の人が座っている。

b. 少ない資源を大切にしよう。

c. 少ない資料で正しい結論を出すのはむずかしい。

d. 少ない金をはたいて本を買った。

e. 少ない店員で能率的な経営をする。

f. ＊きのう電車事故があって、少ない人がけがをしました。

（いずれも今井2012）

(18) a. 髪の少ししかない男の人が座っている。

b. 少ししかない資源を大切にしよう。

c. 少ししかない資料で正しい結論を出すのはむずかしい。

d. 少ししかない金をはたいて本を買った。

e. 少ししかない店員で能率的な経営をする。

f. ＊きのう電車事故があって、少ししかない人がけがをしました。　　（いずれも今井2012）

　このように、今井（2012）は、「多い／少ない」が存在構文に現れるという現象に基づき、「多い／少ない」には存在の意味が含まれると議論し、「多い／少ない」の装定用法の使用制限を解釈して

いる。

　存在意味説の問題点は以下の3点が考えられる。1点目は、今井（2012）の分析に沿って考えると、存在の意味を表す語であれば、装定できないと考えられる。ところが、（19）が示すように、「まばら」という語彙は「XにYが［述語］」という存在構文に現れ、かつ（20）のように装定用法を持つ。

(19) a. ユニクロは店内に客がまばらでも、十分に採算がとれていた。

　　 b. 好景気の日本人はキャデラックのリムジンをホテルに乗りつけ、群れをなしてサンペドロ通りを歩いていたが、十年後の今、リトル東京には観光客はまばらで、かつてニセ物を売っていた店は潰れ、韓国人の経営者に渡っていた。

　　 c. 運悪く、通りに人はまばらで、更に走り、大通りから横路に入った海辺の広場で、まさに車に乗り込もうとしている男女を見つけ、かけ寄った。

　　 d. 祇園の名画座に観客はまばらでした。

　　 e. 夕暮れが間近だが、大きな画廊にまだ人影はまばらである。

　　 f. 長野と松本を結ぶ、篠ノ井線の電車には、人がまばらだった。

　　 g. 国道には、走行する車がまばらだったので、防波堤をへだてた先の波音さえ、耳を澄ませば聞こえるような気がした。　　　　　　　　　　　　　　　　（いずれもBCCWJ）

(20) a. 疎らな星の凍て付くような光が見えた。

　　 b. 疎らな髭を、汚く伸ばし続けている。

　　 c. 疎らな白檀林でわたしは一挺の鉈をひろった。

　　 d. 通路を歩みよってわきに立ち、周囲のまばらな客に目をやった。

　　 e. 一応、まばらな観客が何となく見ている。

　　　　　　　　　　　　　　　　　　　　　（いずれもBCCWJ）

2点目は今井（2012）では存在の意味を含む語が装定できない理由が説明されていない。主節が存在文であろうがなかろうが、「多い／少ない」は装定しにくい。主節が存在文ではない場合は、「主節が存在文である場合、存在物を表す名詞を存在文を使って修飾することはできない」という規則の一般化によって、「多い／少ない」の使用制限を解釈することはできない。

　主節が存在文ではない例に関しては、「多い／少ない」をそれぞれ「多くある」、「少ししかない」に置き換えても、文の容認性は変わらないと指摘されているが、（19）の「まばらだ」の例のように、このパラフレーズの妥当性をより詳しく検証する必要がある。

　今井（2012）の主張は（21）のようにまとめられる。したがって、この主張に対する反証は、「たくさんある・いる、多くある・いる、少ししかない」が装定できる場合に、「多い／少ない」が装定できないことを示せば得られることになる。

（21）主節が存在文ではない例の場合、「多い／少ない」が装定できなければ、「たくさんある・いる、多くある・いる、少ししかない」も装定できない。

　実際に、BCCWJで検索を行った結果を見ると、「多い」が装定できず、「たくさんある・いる」が装定できる例が存在する。「たくさんある」が装定する例は29例*3 があり、そのうち15例が「多い」に置換できない、それらの例を（22）で挙げる。そして、「たくさんいる」が装定する用法は9例があり、その9例のすべてが「多い」に置換されない。これは（23）で挙げる。

（22）a. 　たくさんある部屋のノブはすべて外され、ノブを持っている人しか部屋に入れないようになっているのだ。

　　　b. 　世論調査などの統計資料はあくまでも、たくさんある情報のひとつにすぎない。

　　　c. 　ラントゥのグラタン以外には、じゃがいものグラタンとにんじんのグラタンがクリスマスのテーブルに並ぶ

ことがあるが、これらもたくさんあるおかずの中の一つというわけだから、それだけ食べて満足するという程、いろいろなものが入っているわけではない。

d. さあ、キミの感覚で曲を完成させてみよう！リズムってなあに？生活の中にたくさんあるリズム。みんなはリズムって知っているよね。学校でリズム体操というのをやったことがあるでしょ。

e. 柳先生がたくさんある日本の教科書を分析された発表に敬意を表する。

f. 今は新聞というのはたくさんある報道機関のうちの一つです。

g. 新政府は、政府・裁判所・メディア・教育関係の言語として、オランダ語に代えてインドネシア語を公用語に決めたが、その言語は、以前からインドネシアにたくさんある言語の一つにすぎなかった。

h. 週末には「バーレー一家」と連れだって、このあたりにたくさんある砂浜に出かけた。

i. その一項目に、幼児―幼稚園の子どもですよ―にどんなテレビ番組が一番好きか、っていう調査をやったわけ。そしたら奥さん、たくさんあるテレビ番組で、料理番組が一番好きだって出てきた。

j. …UHFも七つの県がさらにつくろうという、東京も民放のFMをつくろうという計画もあるやに聞きます。いずれにしても、放送局の免許という問題で、こんなにたくさんあるものを郵政省が絞る、一つにする。

k. たくさんある部品のほとんどが、リサイクルできるような車をつくっているそうです。

l. たくさんあるグラビアアイドルが所属する事務所。その中でもひときわアイドルに過激さを求める事務所ピンキー。

m. 社の昼休みは十二時十五分からなので、この時間にワイズに行くとレジを通過するだけでも一苦労。たくさ

んある座席も満席でしばらく突っ立って待つこともある。

n. 帰って来た翌日には舞浜デートなので、秋のディズニーをアップするには今日しか時間が無い！！！という事で、たくさんある画像からちょろっとアップしますね。

o. 一度増えた脂肪細胞は大人になっても一生減ることはない。このため、子どものころに太った人は、その後、脂肪細胞がしぼんでやせたとしても、再びたくさんある脂肪細胞の一つひとつが膨らんで太りやすくなる。

(いずれも BCCWJ)

(23) a. たくさんいる委員に、任せておけばいいんだ。

b. そこで、私たちはやむをえず社交の楽しみはあきらめ、埋め合わせに、このあたりにたくさんいる野兎を追いかけることにした。

c. ぼくらはたくさんいる魚のうちでも特に大きさの目立つ数匹に目をつける。

d. 家の中では痴呆が目立っても、たくさんいる人の中では目立たず、普通の健常者と同じようにふるまい行動していることがあります。

e. たくさんいる生徒さんのなかには、個性・特徴が強くて、一般の受講生の中にいるとどうしても目立ってしまう人たちもいます。

f. 施設の開業は五十八年度からということになっているわけでありますが、それまでの間、実際現在たくさんいる重度障害者の方々をどう扱っていくかという問題、これは施設をつくろうとつくるまいと日常的に存在する問題であります。

g. 何点取りたいかではなく、たくさんいるシューターの中で負けないように、確率を上げていきたいと思います。

h. ただ、ちょっと整理しておきたいのですが、何でたく

さんいる豊臣系の武将のなかから黒田であったり福島
であったり加藤であったりするのでしょうか。

i. 口の中にたくさんいる細菌が虫歯の穴を通して血液中
に入っていきます。　　　　　　　　（いずれも BCCWJ）

　さらに、「多くある」が装定する用法は5例ある。（24a, b, c）に
おける「多くある」は「多い」に置き換えられ、（24d, e）におけ
る「多くある」は「多い」に置き換えられない。

(24) a. 家族のすばらしいコミュニケーションがはかれます。
ときには、周囲の人と一緒に、大きなキャンプファイ
アー。日本にも、探せばけっこう多くあるキャンプ場。
まずは子どものため、ぜひ、家族でキャンプ、をおす
すめします。

b. 「孫子の兵法」は多くある兵学書の中でも最もインテリ
ジェンスを強調していると言っても過言ではありませ
ん。

c. 銃弾はこの基地に多くある三百三口径の SMLH 小銃と
共有できるから便利なのだろう。

d. 日本語という名は、英語・中国語・ドイツ語・フラン
ス語・韓国朝鮮語・ロシア語・スペイン語・イタリア
語・ポルトガル語・ヒンディ語・アラビア語などの言
語名と並ぶ形である。多くある言語の一つということ
になる。

e. …そう考えていた頃、日比谷公会堂で行われた KSD の
イベントで女性演歌歌手・古田三奈が司会として出演
していたのですが、会員に接する態度に好印象を持ち、
他にも多くある KSD のイベントの司会をお願いしたの
です。　　　　　　　　　　　　　（いずれも BCCWJ）

　また、「少ししかない」が装定する用法は、72例あり、そのうち、
（25）の7例が「少ない」に置き換えられない。

(25) a. 共演者たちも皆、素晴らしい踊りを見せてくれました。
父親デュヴァル氏役のジャンニ・ギスレーニは品格の
ある紳士で少ししかない踊りも立派だった。

b. ジーク君、学生は青い春をエンジョイできる一生に少
ししかない期間なんだよ。

c. 3桁いっとるわボケって言われました親のギター引いて
る姿をみたことないので わかりませんがそんなに凄い
ギターがあるんですか？世界に少ししかないエックリ
プトンさんのエレキギターってありますか？

d. 毎晩のコーヒーだけはかかしません。コーヒーを飲め
ば、寝るまでに少ししかない自由な時間をゆっくり過
ごせる気がします。

e. そんな中、壁際に少ししかない椅子席をちゃっかり確
保して臨戦態勢へ。いやさ私もうかなりおばちゃんな
もんでこういう複数出るイベントだと座れないとかな
りきついのよ…なんでいつもかなり早い時間に来てい
る訳です。

f. こんなに少ししかない隙間の状態で花芽が上がってく
るので、仕方ないのかもしれませんねぇ?!

g. 毎年、あー何て面倒くさいんだ、クリスマスなんてこ
なけりゃ良いのに、と思いつつ、どうせ少ししかない
リースとかを引っ張り出していたのに、明日は小さな
ツリーでも買ってこようかと思っている私がいます。

(いずれも BCCWJ)

　以上は、「たくさんある・いる、多くある、少ししかない」が装
定でき、「多い／少ない」が装定できない例であった。「たくさんあ
る・いる、多くある、少ししかない」が「X に Y が［述語］」とい
う存在構文に現れる語で、それらが装定でき、「多い／少ない」が
装定できない場合があることは、「多い／少ない」が装定しにくい
のは、それらが存在を表す述語であることによるのではなく、別の

原因によるものと考えざるを得ない*4。

3点目は、「多い／少ない」以外に、「おびただしい、珍しい、とぼしい、まれだ、わずかだ、希薄だ、豊富だ」といった数量を表す形容詞も存在の意味を表すと仁田（1975）、まつもと（1979）によって指摘されていることと関連する。仁田（1975）は「多い、少ない、ない、おびただしい、まれだ、珍しい」を存在形容詞として分類している。まつもと（1979）は「ない、多い、少ない」を存在空間のむすびつきをつくる形容詞であると分類し、それらと同じく、「とぼしい、珍しい、はなはだしい、いちじるしい、まれな、わずかな、希薄な、絶無な、皆無の、さかんな、顕著な、特有な、豊富な、濃厚な、強大な、ふつうの、いっぱいの、無数の、そうとうの」なども存在＝量的な状態を表すものであると分類されている。(26)(27) が示すように「豊富だ」「とぼしい」はニ格と共起できる。

(26)a. 湖水には魚が豊富であり、南部にはワニがすんでいる。

（まつもと1979）

　b. アジアには理工系の優秀な人材が豊富である。

（BCCWJ）

　c. 食品に含まれる「体にいい」成分が近年、注目を集めている。例えば赤ワインに多いポリフェノール、緑茶に豊富なカテキン。（BCCWJ）

(27)a. ただ、宇美には、遺跡・遺物がとぼしいといわれてきた。

　b. 元来日本音楽にはハーモニーがとぼしいと言われるが、何とかしてそれを発見し、新しく作り出して行く努力を続ければ、日本音楽特有の対位法を生み出すことが出来るに違いない。

　c. 現実から遠くへだたる理想主義には、現実の矛盾を解決する力がとぼしい。

　d. 増援の将兵に給付する兵糧にも余裕がとぼしい。

　e. ただ、主な配役の「激似」や迫真の演技に比べ、市街

戦から逃れようとする市民のエキストラに真実味がと
ぼしいと感じた場面が多かったように思えるのは、旧
ソ連で撮影、現地の一般の人を使ったからかなぁ？

f. 大企業経営者層とそのスタッフ、行政幹部など、これ
までアメリカの社会と政治を牛耳ってきた人びとを頂
点とする序列秩序には、改革を担う能力がとぼしいと
思われます。

g. とりわけ当時から数えて三代目になる現代の私たちに
は、リスクへの理解力、対応力がとぼしい。

h. 皮質胚中心形成は良好で髄索周辺の形質細胞数も正常
であるが，皮質深部 deep cortical area の胸腺依存域に
はリンパ成分がとぼしい。

i. 気管支結核は気管支に病変が主体なので肺野には陰影
とぼしい。

j. 日本には戦争遂行のための資源がとぼしい。

k. その秀麗な顔に表情はとぼしいが、いかにも迷惑そう
な様子だけははっきりと伝わってくる。

(いずれも BCCWJ)

l. …湖岸に良港がとぼしく、漁業はさかんでない。

(まつもと 1979)

　今井（2012）は、「多い／少ない」とそれらの類義語の違いを存
在の意味を含むかどうかの違いであり、存在の意味を含むかどうか
については「ニ格」との共起の可否を判断基準としている。しかし、
存在の意味を含むかどうかはニ格の生起の可否だけで判断できるも
のではない。

　「ニ格」との共起の可能性を存在の意味を含むかを判断する唯一
の基準とするなら、「多い／少ない」が「ニ格」と共起しない場合
すなわち、（28）と同じタイプの文の場合は、存在の意味を表さな
いと考えるのかということが問題となる。実際、存在構文にはさま
ざまなタイプの存在構文があるとされる（西山 1994、金水 2006）。
そのため、「多い／少ない」の装定の困難性とそれらが表す存在の

意味との関係を考察するために、「多い／少ない」が現れる存在構文のタイプとその意味をさらに詳しく見る必要があると考えられる。

(28) a. ズッキーニがとろける感じになっていて、いいですね。この味は好きな人は多いだろうな。
   b. パリで修業した日本人画家は多いが、藤田嗣治のように、パリで筆一本で食べられる画家はほとんどいなかった。
   c. 古城巡りを目的にロワール地方を訪れる人は多い。
   d. なるほど地図をみていると、滋賀県は土地は南にはり出しているが、琵琶湖があるので、北の土地は少ない。
   e. このように2つの活動は東京都民に強く期待されていながら，満足に思っている人は少ない。
   f. 沖縄では鉄を産出しないため、貝塚時代の遺跡から鉄器の出土は少ない。
   　　　　　　　　　　　　　　　　　　　　（いずれも BCCWJ）

　以上のように、「多い／少ない」が他の形容詞と異なり存在構文に現れるのは確かである。本研究では、この問題についてこれ以上議論はしないものの、その存在の意味と「多い／少ない」の装定用法における使用制限との関係については存在文のタイプを含めたさらなる検証が必要であると考えられる。

　本研究では、「多い／少ない」に使用制限があり、それらの類義語類に使用制限がないという違いを、両者の存在構文における生起の違いによっては必ずしも説明できないという立場に立つ。したがって、その振る舞いの違いに対しては別の説明が必要となる。本研究では、「多い／少ない」とその類義語の「おびただしい、膨大だ、豊富だ、潤沢だ、希少だ、わずかだ」の違いは、前者が段階形容詞で後者は段階形容詞ではないという点から帰結することを論じる。この点については、第3章で詳しく述べる。

　また、八亀（2021）は「多い／少ない」が客観的に存在するモノの存在の多寡について述べている、装定用法と述定用法のどちらの用例も意外と少なく、典型例が拾いにくいことを指摘している。

実際、BCCWJ における「多い／少ない」の用例にも、典型的な場所存在構文を形成するものはほとんど見られない。本研究では、「多い／少ない」は存在述語というよりも、むしろ形容詞の特質を示すものであると議論する。なお、客観的に存在するモノの存在の多寡を述べている装定する用例が想定しにくい理由や、「多い／少ない」の装定用法の意味的機能については、第4章で詳しく論じる。

1.3 「多くの／少しの」との相補分布説

中東（1996）は比較基準を伴う場合「少しの」が用いられず、「少ない」は比較を表す意味特徴を有するのに対し「少しの」はそれを有しない一方、「多くの」が比較の意味特徴を持つため、比較基準を伴っても、「多い」が装定しにくいことを指摘している。

王（2011）も「多い」より「少ない」のほうが装定用法の例が多いという現象に注目し、中東（1996）とは類似する説を提示している。

王（2011）は（29）といった「少ない」が装定する実例を挙げ、「少ない」だけで名詞を修飾する用例が多く見られることを指摘している。

(29) a. これは、40 年代の人口の都市圏集中に対応して社会資本整備が重点的に行われたことによるほか、これらの地域においては、<u>少ない可住面積</u>で高密度な社会、経済活動が営まれているため、用地取得費等建設コストが高いこともその一因と考えられる。

b. <u>少ない紙面</u>に、多くの内容を盛ろうとすれば、どこかに無理が生ずるのは当然であって、在来の物語の手法は改変せざるを得なかった。

c. 家業のないサラリーマン家庭では、女性が家に入ったら最後、母親はまさに母親業に専念する訳ですが、そのあり余るエネルギッシュな愛情が、<u>少ない子供</u>に注がれることになります。

d. それが実際にどういう形で集中をしたり、あるいは<u>少</u>

ない生徒しか集まらぬ学校があるのか、こういうよう
なものを当然調査をしなかったら結論出てこないわけ
でしょう。

e. スモールビジネスにとって、少ない資本をやりくりし
て、ビジネスを展開して、資本を蓄積してさらなる発
展を期すにはこの資本回転率を速めることがもっとも
大事なことだ。　　　　　　　　　　　（いずれも王2011）

　王（2011）は表1が示すように、「多くの」と「多い」、「少し
の」と「少ない」がそれぞれ相補分布をなすことを指摘している。
「多い」が装定しにくいのは、「多くの」が「可算名詞（数）」と
「不可算名詞（量）」*5 の両方を修飾でき、「多い」が代用する場合
がないためだと説明している。一方、「少しの」は「不可算名詞
（量）」しか修飾できないため、「可算名詞（数）」を修飾する場合は、
「少ない」を使わなければならないからだとしている。

表1：「多くの／少しの」と「多い／少ない」の装定用法*6

	可算名詞（数）	不可算名詞（量）
多くの	○	○
多い	×	×
少しの	×	○
少ない	○	×（基準値を下回る場合を除く）

　また、「不可算名詞」を修飾する場合のすべてにおいて「少ない」
が使えないのではなく、「基準値を下回る」という意味を表す場合
は、「少しの」は数量詞の性質を持ち、比較基準を前提としないた
め*7、その場合も「少しの」が生起できず、「少ない」が用いられ
るという。（29e）はその例である。上述の2点により、「少ない」
が装定できる例が比較的多いことを説明している。それに対して、
「多くの」は比較基準があってもなくても使える表現であり、「多
い」が代わりにその機能を担う必要がないため、装定できる例がほ
とんどないとされる。

第2章　先行研究の検討と本研究の位置付け　　27

王（2011）の分析は「多い」より「少ない」が装定する例が多いという非対称性を考察するのに1つの案を提供している。しかし、王（2011）の説明には以下の4つの問題点が考えられる。

まず、「多い／少ない」が比較基準を必要とする表現である点では本研究も同じ立場を取る。しかし、「基準値を下回る」を表す場合は「少しの」が使われないため、「少ない」が使われると説明し、それを一部の「少ない」が装定する例が成り立つ理由とすることには問題がある。

例えば、（30）の場合、被修飾名詞が同じ「会話」と「時間」であり、「少ない」と「少しの」の両方による修飾が可能である。この事実自体が「少ない」と「少しの」が相補分布をなすという説明に反する。（30a, b）が「基準値を下回る」という意味を表しているため文が成り立つと考える根拠がないと言える。

(30) a.　少ない会話でしたけど、話して好きになってしまいました。

　　 b.　少ない時間でまたたく間においしい料理を作る。

　　 c.　少しの会話で、私たちはすぐに打ち解けた。

　　 d.　小さな親切と少しの会話ですが忘れられない。

　　 e.　少しの時間でしたが、偶然にいろいろな場面に出会いました。

　　 f.　少しの時間でも、こんろを離れるときは必ず火を消す習慣をつけてください。

　　 g.　少しの時間さえあればできる簡単なトレーニング、ぜひ今日からの日課にしてください。　　（いずれも BCCWJ）

また、「多い」と「多くの」が相補分布すると考えると、「多い」が装定できる例の存在について説明できなくなる。そもそも「多い」と「多くの」は異なる機能を持ち、両者が相補分布をなすとは考えにくい。「多い」が装定する例における「多い」を「多くの」に置換するテストをし、結果は（31）で示している。（31a, h, i, j）は「多くの」に置換不可である。（31b, c, d）は「多くの」に置換

すると意味が変わってしまう。具体的に言うと、「多い」の場合
(31b, c, d) はそれぞれ「学生が多いクラス」、「賭け金が多い時」、
「ボリュームのある髪の毛」といった意味を表し、「多くの」の場合
(31b, c, d) はそれぞれ「全学校の全てのクラスのうち、多くのク
ラスは…」、「賭ける場合のうち、多くの時は…」、「髪の毛全体の量
が少なくてもいい、髪の毛の全体のうちの多くを…」といった意味
を表す。(31e, f, g) は「多くの」に置換可能な例である。

(31) a. ｛多い／＊多くの｝資源だからと言ってむだに使っては
    いけない。

  b. ｛多い／＃多くの｝クラスでは、学生が 60 人もいます。

  c. ｛多い／＃多くの｝時は、一度に 10 ドルも賭けた。

  d. ｛多い／＃多くの｝髪の毛を忙しい折からとて結び髪に
    して。

  e. その時はもうすでにいつもより ｛多い／多くの｝ 人が
    電車に乗っていました。

  f. 昨日より ｛多い／多くの｝ 人たちで境内はにぎやか。

  g. 灯のない街に昼間より ｛多い／多くの｝ 人が出ている。

  h. 日本で ｛多い／＊多くの｝ 苗字と言えば、鈴木、佐藤、
    山田などだけど、さて、アメリカ人に ｛多い／＊多く
    の｝ 苗字って何だろう。

  i. この辺で ｛多い／＊多くの｝ 事故は車と自転車の接触事
    故です＊8。

  j. 一番 ｛多い／＊多くの｝ 誤りは冠詞の使い分けです。

　さらに、王（2011）の説明には矛盾している点がある。王（2011）
は（32）の例を挙げ、「少ない資源」と比べ、「多い資源」はかな
り不自然な表現であると述べ、また、（33）のような「少ない」が
装定し、「多い」に置換できない例を挙げ、（34）のように仁田
（1980）の「多い資源だからと言って無駄に使ってはいけない」が
成り立つのは「多い資源＝埋蔵量が多い資源」だからだという主張
を明確に批判した。その上で、上述の「多い」が「多くの」と、

「少ない」が「少しの」と相補分布するという代案を提示している
が、最後に（35）のように、仁田（1980）と同様な考えをまとめ
て提示している。

(32)a. 「少ない資源（小規模軍隊）でも、外交に結びつけるこ
とで、国の存在を国際舞台で大いに示すことができる」
と言う。

b. 森を破壊すると、川が干上がり、土地も枯渇し、残っ
た少ない資源をめぐって人々は争います。

c. （新聞タイトル）少ない資源、運搬も大変

（いずれも王2011）

(33)だがスワリスたちの場合は少し異なる。彼らの寿命はETI
にしては短く、少ない子供を手厚い庇護で育てる方式は難
しい。 （王2011）

(34)「少ない」は「多い」とは違って名詞修飾用法の例が多く現
れ、この現象は、仁田（1980）のように「X多い／少ない」
の「X」の部分が省略されたと解釈できないことが分かる。

（王2011：78）

(35)「A―い」が属性を表す。ただし、「A―い」だけでは被修飾
名詞にその他の名詞と区別する属性を付与できないため、
「X ＋ A―い」の形で名詞を修飾する。 （王2011：95）

以上のように、王（2011）は仁田（1980）を批判することを出
発点としているにもかかわらず、最終的には仁田（1980）と同様
の結論を得ているという点で矛盾している。いずれにせよ、もし上
述の相補分布の案を主張するなら、上述の３つの問題点を解決する
必要がある。

そこで、「少ない」が装定する例が「多い」より多いという非対
称性を別の理由で説明する必要がある。また、本研究では、「多い
／少ない」と「多くの、少しの」の違いは、前者が被修飾名詞その
ものの数量を表さず、後者が被修飾名詞の数量を直接表すという点
で違うと主張する。その説明によって、（31）における「多い」と

30

「多くの」の違いも説明される。詳しくは第5章で述べる。

　一方、「少ない」が装定する例が「多い」より多いという非対称性を別の理由で説明する必要があるが、王（2011）が「少ない」の「基準値を下回る」という意味特徴に注目している点が示唆的である。本研究は、第5章で「少ない」の意味をさらに検討する。

2. 「多い／少ない」が述定用法における使用制限

　佐野（2016）は（36）を挙げ、「多い」は述定用法においても使用制限があることを指摘している。

(36) a.　クジラは大きい。
　　　b. ?? クジラは多い。
　　　c. ?? {車 / 人 / 虫 / 問題 / ゴミ / 雨} は多い。

（いずれも佐野2016）

　「多い」にこのような使用制限がある理由について、佐野（2016）は、属性形容詞は装定の場合も述定用法も、（37）という制約がかかるためだと主張している。（36a）が容認されるのは、個々のクジラも「大きい」という性質を持つからだと説明し、個々のクジラは「多い」という性質を持つと考えることは意味的に不可能であり、その集合体である「クジラ」という種の属性を表すこともできないため、（36b, c）が容認不可になると説明している。

　(37) 属性形容詞は被修飾名詞の個体としての性質を表さなければならない

　さらに、「多い」は相対的解釈と絶対的解釈が可能であることを指摘し、相対的な解釈の例（38）と、絶対的解釈の例（39）を示している。相対的な解釈とは「多い」が比較の文脈に現れ、主名詞句を他のものと比較し、相対的な多さを表すという解釈のことである。一方、絶対的解釈とは、中立的に数量を表すという解釈のこと

第2章　先行研究の検討と本研究の位置付け　　31

である。佐野（2016）は（39）の各例が中立的に数量を表すことができる理由について、下線部のガ格名詞句の指示対象と同列の集合が想定できないからという点を挙げている。

(38) a. 欠席者が十一名とこれまででいちばん多い。
   b. この地域の空の旅行客は他のどの地域より多い。
   c. 一度も起きない日のほうが多い。　　（いずれも佐野2016）
(39) a. その人は子どもが多いからすでに二軒借りて住んでいるんです。
   b. ○○公園はごみが多い。
   c. 既存の化学処理法はきわめて高価で問題が多い。
   d. ここは公園の核心部でレンギョウ、モクレン、ブジ、サルスベリなど花が多い。
   e. 日頃の彼女たちの保護活動は実に地道で苦労が多い。

（いずれも佐野2016）

　佐野（2016）の問題点は2つあると考えられる。1つ目は、「大きい」のような属性形容詞が被修飾名詞の個々の属性を表しているという説明に疑問があるという点である。「大きい」のような形容詞が表す性質も相対的な性質である。「クジラは大きい」のような文は一体どういう意味を表し、なぜ成り立つのかを考える必要がある。本研究では、「大きい、多い、少ない」は段階形容詞で、比較基準を必要とする点で同じであり、「多い／少ない」と「大きい」などとの違いは別の要因によるものと考える。
　2つ目は、（39）の各例が「多い」の絶対的解釈の例であるという説明に疑問があるという点である。（39）の各例では、ガ格名詞句と形容詞が一つのまとまりとして、主題の属性を叙述するようになることは確かである。しかし、（39）の各例ではガ格名詞句の指示対象と同列の集合が簡単に想起できる。例えば、（39a）の「子ども」と同列に「家族」、（39b）の「ごみ」と同列に「花」が考えられる。
　つまり、佐野（2016）は「多い／少ない」が相対的な数量を表

すのに注目し、（39）のような「多い／少ない」が相対的な数量を
表さない場合に限って、「多い／少ない」が述定できると説明して
いる。本研究では、他の段階形容詞も比較を表し、「多い／少ない」
の使用制限を説明するのに、「多い／少ない」が比較を表すという
性質に訴えることはできないと考える。「大きい」も比較基準を必
要とするため、個々のクジラも「大きい」という性質を持つとは考
えないが、本研究の主張は結論として佐野（2016）と類似する部
分もある。本研究では、個々のものが「大きさ」という側面を持ち、
個々のものが「数／量」という側面を持たないことと「多い／少な
い」の使用制限には関係があると考える。主語ないし被修飾名詞は
「数／量」という側面を持ちうるものを表すのであれば、「多い／少
ない」が単独で述定あるいは装定できる。かつ、名詞句が「数／
量」という側面を持ちうるものであると解釈されるかどうかは文脈
に影響される。これについては、第 5 章で議論する。

3.「多い／少ない」の使用条件

　寺村（1991）は形容詞が被修飾対象をその対象が属する種の平
均と比較し、判断するという「範囲限定の品定め」の機能を持つと
指摘している。木下（2004）は寺村（1991）の「範囲限定の品定
め」という概念をさらに一般化し、「比較対象の明示化」という概
念を提示し、それを「多い」が装定できる条件であると述べている。
（40）などのような例はその例である。

(40) a.　一番多い誤りは冠詞の使い分けです。

　　 b.　この辺で多い事故は車と自転車の接触事故です。

　　 c.　（三つの中で）多い方を取ってください。

　　 d.　日本で多い苗字と言えば、鈴木、佐藤、山田などだけ
　　　　 ど、さて、アメリカ人に多い苗字って何だろう。

　　 e.　職域で多い心の病気の種類。

　　 f.　灯のない街に昼間より多い人が出ている。

　　 g.　昨日より多い人たちで境内はにぎやか。

h. その時はもうすでにいつもより多い人が電車に乗っていました。

i. 約5万人の観客で埋め尽くされたすり鉢状のスタンドと大歓声。当時の一関市の人口が5000人ぐらい。それより多い人が一カ所にいるんだから。

j. 車が次々入ってきて、思っていたより多い人だった。といってもまだまだスペースはあったけどね。

(いずれも木下2004)

　たしかに、「多い」が単独で装定する例がほとんどない*9 のに対して、比較の対象を明示すれば、「多い」が装定の位置に現れる。一方、BCCWJで検索した結果、(40)のような実例が多いとは言えないこともわかる。まず、(40a)のような「一番多い + N」の例は36例*10 ある。そして、(40b, c, d, e)のような比較の範囲を明示する例の「～で多い + N」*11 の例は (41) の8例ある。

(41)a. 電子レンジで多い事故は発火、火災です。

b. 京都市で多いタクシーは、MKとヤサカでしょうか。

c. 離婚の原因で多いものは、やはり夫なり妻なりの浮気行為（不貞行為）です。

d. 占いだと同じだという事になるけどそれは統計学であり大勢の中で多い性格をいっているだけで、違う人もたくさんいます。

e. 鬱になる原因の中で多いものってなんですか。

f. これを品目別にみると、小都市、町村で消費の多い品目として、あじ、さば、いわし、かつお、その他の鮮魚等があり、大都市で多いものとして、まぐろ、干しあじ、都市の規模による差の少ないものとして、干しいわし、えび・かにがある。

g. 男女別では、男性の申立てで女性に比べ多い動機が「性格が合わない」等であり、女性の申立てで多い動機が「暴力を振るう」、「生活費を渡さない」等である。

34

h.　続いて民俗展示室では、安房地方で多い分棟型の民家
　　を再現。　　　　　　　　　　　　　　（いずれも BCCWJ）

　また、(40f, g, h, i, j) のような「〜より多い + N」の例を BCCWJ
で検索したところ、22例 *12 が確認された。この22例は、「〜よ
り多い」と被修飾名詞との意味関係に基づき、(42) と (43) の異
なるタイプに分類できると思われる。(42) のような例では、被修
飾名詞が数量的に定まっているため、「〜より多い」の部分を削除
しても文意の理解には特に支障をきたさない。このような例におい
て、「多い」が被修飾名詞と直接関係しているわけではないと考え
られる。(43) のような例は、(40f, g, h, i, j) に近いものの、例自
体が少なく、これらの「多い」と被修飾名詞との関係についても再
検討が必要であると考えられる。

(42)a.　実際、昭和六年の満州事変のころには、満蒙に移民し
　　　　た朝鮮人は、日本人より多い百万人に達していた。

　　b.　今季は例年より多い十二万二千人の来場者を見込んで
　　　　いる。

　　c.　一億何千万人という日本の全人口より多い名簿をそろ
　　　　えていると言われています。それは極めて詳細なもの
　　　　です。個人の名前が入ってて、どんな商品をいくらで
　　　　買ったとか。たぶんこれはクレジット会社から漏れて
　　　　るのでしょう。　　　　　　　　　（いずれも BCCWJ）

(43)a.　三十三週のとき、生理より多い出血があって、切迫早
　　　　産で三十六週まで入院しちゃったんです。

　　b.　そしてその知性と野心により、女性がその夫より多い
　　　　収入を得、良い仕事についていたとしても（そしてそ
　　　　のようなことはよくあるのだが）、二人の関係は変わら
　　　　ない。

　　c.　人間は自分の両手より多い水はすくえないってさ。
　　　　　　　　　　　　　　　　　　　　（いずれも BCCWJ）

第2章　先行研究の検討と本研究の位置付け　　35

一方、比較の対象あるいは比較の範囲が明示されているとは思われない例も存在する。すると、「比較対象の明示化」を再定義するか、他の説明に訴えるかが必要となる。

　また、田中（2018）は「多い」が数量詞と相対形容詞の両方の性質を持っているため、量化対象と比較される対象を要求すると指摘している。かつ、量化対象と比較される対象は同一ではなく、比較される対象の方が量化対象よりも上位の意味概念である必要があると説明している。それを前提に、量化対象と比較される対象が同じである場合、「多い」が装定できないと説明している。

　このことから、以下の（44）*13 の「多い」の装定用法が容認される例に関しては、比較対象はタイプを表し、量化対象はトークンであり、比較対象と量化対象が異なるため、文が容認されると説明している。（44）の量化対象はそれぞれ、「学生、儲けた額、集合のメンバー、苗字の数、誤りの件数、傾向（トークン）、考え方（トークン）、発生件数」である。比較対象はそれぞれ、「クラス、儲けた事態、ほかの集合、苗字、誤りの種類、傾向（タイプ）、考え方（タイプ）、事故（タイプ）」である。

（44）a.　多いクラスでは学生が 60 人いる。　　　（学生、クラス）

　　　b.　多い時は、一度に 10 ドルも儲けた。

　　　　　　　　　　　　　　　　　　　（儲けた額、儲けた事態）

　　　c.　（3 つの中で）多い方を取ってください。

　　　　　　　　　　　　　　　　　　（集合のメンバー、ほかの集合）

　　　d.　日本で一番多い苗字は「鈴木さん」だそうですが、私は今まで生きてきて 3 人しかお会いしていません。多いのは、「佐々木」「佐藤」です。　　（苗字の数、苗字）

　　　e.　一番多い誤りは冠詞の使い分けです。

　　　　　　　　　　　　　　　　　　（誤りの件数、誤りの種類）

　　　f.　この地方の有権者に多い傾向。

　　　　　　　　　　　　　　（傾向（トークン）、傾向（タイプ））

　　　g.　都会人に多い考え方。

　　　　　　　　　　　　　（考え方（トークン）、考え方（タイプ））

h. この辺りではどんな事故が多いですか。
——そうですね、この辺りで多い事故は車と自転車の
接触事故です。　　　　　（発生件数、事故（タイプ））

一方、（45）のような例が容認されないのは、比較対象と量化対象の指示対象が同一となっているためであると説明している。

(45) a. ＊多いクジラはミンククジラだ。　　　　　　（田中 2018）
　　 b. ＊多い人が庭に集まっている。　　　　（まえがき（2a）の再掲）

最後に、比較対象と量化対象が必要で、両者の指示レベルがずれる必要があるという条件は、「多い」の述定用法では必要条件ではないと説明している。（46a）の量化対象と比較対象はいずれも「クジラ」で同じである。（46b）では、量化対象はクジラの数・個体数・生息数で、比較対象はクジラ以外の生物が想定されるが、明示されていないため、数量の多さを述べていると読み取ると説明されている。

(46) a. クジラは {温暖な海／餌の多い沖合} に多い。
　　 b. クジラは {数／個体数／生息数} が多い＊14。
　　　　　　　　　　　　　　　　　　　（いずれも田中 2018）＊15

田中（2018）の問題点については、3点が考えられる。1つは、（43a）は（42d, e, f, g, h）と同様に、量化対象がクジラの数で比較対象がクジラのタイプであると考えられるのに、（43a）が容認されないことである。すなわち、（42d, e, f, g, h）といった例では、量化対象が被修飾名詞のトークンで比較対象が被修飾名詞のタイプで、（43）のような例ではそうではなく量化対象と比較対象が同じであると考えられる理由が説明されていない。
　もう1つは、なぜ量化対象と比較対象が異なる必要があるのかが説明されていない。（42a）の量化対象が「クラス」である状況も考えられるのに、なぜ「大部分のクラスでは」という比例読みには

第2章　先行研究の検討と本研究の位置付け　　37

ならないのかは不明である。

　上述の木下（2004）と田中（2018）は「多い／少ない」の相対形容詞として比較対象を要求する意味的特徴に注目していることが分かる。そこで、本研究では、それらの議論を比較意味説として整理し、考察を進める。

　最後に、「高い、長い、深い、広い、大きい」などの形容詞も相対的な性質で比較を表しものの属性を表すという点で「比較対象」と「属性を表す対象」が必要だと考えられるが、装定の可否に関する振る舞いは「多い／少ない」と異なっている。この事実について考察がなされていない。

　本研究は、結論的には田中（2018）と一致するところもある。それは、「多い／少ない」は被修飾名詞そのものの数量を直接表さない、（量化対象は被修飾名詞そのものではない）という点である。この論点については第4章で詳しく議論する。

4. 先行研究の問題点のまとめと本研究の主旨

　これまでの研究は、「多い／少ない」のいくつかの特徴を指摘している。「多い／少ない」は「数／量」を表し、「数／量」は物事の内在的に有する属性ではないこと（仁田1980、佐野2016）、「多い／少ない」は「［場所］に（は）［存在物］が［多い／少ない］」という存在構文に現れること（今井2012）、「多い／少ない」が比較を表すこと（佐野2016、田中2018）、である。先行研究では、それぞれ「多い／少ない」の一部の側面を正しく指摘しているものの、すべての問題を十分に扱えていないと思われる。

　本研究では、「多い／少ない」の使用制限は、「多い／少ない」が数量を表すことと、「多い／少ない」が段階形容詞であるという2つの性質によると考える。

　表1でまとめているように、「多い／少ない」は装定と述定用法に使用制限があり、「おびただしい、わずかだ、膨大だ、豊富だ、潤沢だ、稀少だ」と「高い、長い、深い、広い、大きい」などは装定でき、単独で述語として使われる。

表1:「多い／少ない」とその類義語類と他の段階形容詞

	① (多い、少ない)	② (おびただしい、わずか だ、膨大だ、豊富だ、潤沢だ、稀少だ)	③ (高い、長い、深い、広い、大きい)
述定と装定用法における制限	○	×	×
数量を表す	○	○	×
段階形容詞	○	？＊16	○

　①と②は同じ数量を表し、①の使用制限の理由を考えるにあたっては、それらが「数／量」の多寡を表すという意味だけによると考えることは無理がある。その両者の違いは最後の列で示すように、段階性における違いである。この段階性の違いには形容詞の機能が影響する。それを踏まえ、「多い／少ない」とその類義語類の違いを第3章で議論する。

　そして、①と③は同じ段階形容詞であり、①は装定しにくく③が装定できるという違いがある。それは、①と③が段階形容詞として個体ないし個体の集合をスケールに写像するためである。段階形容詞が表す「数、量、高さ」などはスケールの構成要素の「次元が成り立つ領域」である。ただし、「数／量」が「次元が成り立つ領域」になるには一定の条件があるため、「多い／少ない」が装定できない場合が多く、単独で述定できない場合が多いのである。この「多い／少ない」と他の段階形容詞の違いについては第4章で議論する。

＊1　本研究では、『日本語書き言葉均衡コーパス』からの用例は「BCCWJ」と記載する。
＊2　「豊富だ、潤沢だ」という2つの語は存在文に現れるためここで挙げられていない。
　(i) a.　この国には資源が豊富だ。
　　　b.　IT 企業には資金が潤沢だ。　　　　　　　　　　　　　(今井 2012)
＊3　「たくさんある」が名詞を修飾する例は 217 例があり、「～がたくさんある＋N」の例と被修飾名詞が「わけ、こと、はず」などである例を除外した。そ

の次で「たくさんいる、多くある、少ししかない」の装定用法の例を考察する
ときも、「～が {たくさんいる、多くある、少ししかない} ＋ N」の例と被修
飾名詞が「わけ、こと、はず」などである例を除外している。

＊4 「少ない」が装定でき、「少ししかない」に置換できない例もある。(i) の
各例である。これらの例は存在意味説の直接の反例にならないが、「少ない」
と「少ししかない」の違いが見られ、かつその違いが「少ない」の装定の可否
に影響する可能性がある。また、BCCWJ で (i) のような「(文頭から) 少な
い＋N」の例が 60 例ある一方、「多い」が単独で装定する例はない。つまり、
「少ない」と「多い」は共通する性質を持つものの、「少ない」特有の性質もあ
ると言える。この問題については第 5 章で議論する。

(i) a. 少ない回数で当たった人が勝ちです。

   b. バットレスダム。水圧を支えるための扶壁（バットレス）が特徴。少
      ない材料でつくることができるが、温度変化や地震へのそなえが劣る
      うえ、工事が煩雑なので、日本には多くない。

   c. 少ない取引量で株価指数が一パーセント下落した場合、実際に取引さ
      れたのは株式のほんの一部であるため、多くの観測者はこれをすぐに
      織り込む。

   d. 少ない人数ですが、親戚が集まって、楽しい時間を過ごせたので、そ
      れだけでも、よかったです。

   e. 少ない会話でしたけど、話して好きになってしまいました。

   f. 1 時間に 1 回は休憩時間を取る少ない力で入力できるキーボードを使
      う。

   g. 少ない負担、大きななあんしん！

   h. コペルニクスの地動説は従来の天動説に対し、少ない周転円で同程度
      の精度を出せるだけに過ぎません。実際には、周転円なしでもそれな
      りの精度が得られる。

   i. 強化パーツの為にガンダル倒したら、ベガ大王の HP を減らします。
      一万減らしたら撤退。そしてガイゾックのあのメカが何体か来ました。
      少ない数なので倒しましょう。

   j. 一部選手を除き、運動量もハンパない。少ないタッチでパスが回る、
      でも時間は掛かけずに、自然とスペースを作るユナイテッド。狭く限
      られたスペースからでもフリーの状態を作る連携と技術は凄い。

   k. 少ない予算で最高の 1 日を！

   l. 感化という同じ処遇が、学校教育、感化院や少年院、各種養護施設な
      ど別々にグルーピングされて給付される。理由は効率である。少ない
      予算でできるだけ早い効果を、という近代の論理が給付を細分化し、
      グルーピングしたのである。

   m. 少ない人数で、かつ秘密裏にコトを進めたほうが、成功の可能性は高
      いのだ。

   n. 少ない宣伝広告費で顧客に認知してもらうことが可能となるからだ。

   o. 少ない調理道具でラクラクべんとう作り。おべんとうのおかずは、少
      量ずでも品数が必要です。

   p. 少ないオブジェクトで効果的に見せるテクニックは、データ容量を抑

えるのにも役立つ。

q. 写真の右奥に勝手口、その外に裏階段振り向けば収納。少ない動きで用が足ります。ダイニングとキッチンをへだてる両面収納は間口 2.4 メートル、奥行き七十センチ。

r. 少ないボタンに機能を上手に割り振っており、操作しやすい。画像の読み込み・書き込み速度が速いのも魅力。

s. 少ない周波数帯域で最高 3Mbps の高速データ伝送が可能な IP 専用方式で、高速移動環境でも利用できる。

t. 少ない力でいかに効率よく飛ばすかを開発テーマとしたこのクラブの、主力スペック十度、R をチェックした。

u. 少ないセリフで心情を表現する難役はやりがいがあった。

v. 少ない花数でもつくる必要があるから、足りないのが心配です。

(いずれも BCCWJ)

＊5 「可算名詞」と「不可算名詞」について、王（2011）は吉田（2007）を引用し、「全ての」「多数の」「どの」の表現と共起する名詞を「可算名詞」、それらの表現と共起すると不自然になる名詞を「不可算名詞」であると考えると述べている。本研究では、吉田（2007）に従い、可算・不可算の概念を使う。しかし、「少しの」が「不可算名詞」しか修飾できないという王（2011）の説明は賛成しない。なぜならば、仁田（1980）は「少しの本がある、少しの人、ベンチには少しの男の人しかいない（第 1 章（5b）の再掲）」といった被修飾名詞が可算名詞だと思われる例を挙げている。一方、BCCWJ で、「少しの N」で検索し、被修飾名詞が可算名詞だと思われる例が少なかったのは事実である。

＊6 表 1 は筆者が王（2011）に基づいて作成したものである。

＊7 今仁・宝島（2008）は（ i ）～（iii）を挙げて、比較構文にせよ、比較でない構文にせよ、「少ない」はそれより数量が少ないというニュアンスを産む一方、「少し」が用いられる文はそのような意味合いを持たないと述べている。

（ i ）a. 入学者は、昨年より 50 名少ない。
　　　b. *入学者は、昨年より 50 名少しだ。

（ii）a. 花子がもってきてくれたリンゴは、残念ながら、少なかった。
　　　b. 花子がもってきてくれたリンゴは、残念ながら、少しだった。

（iii）a. その日は、太郎は、ご飯を少なく炊いた。
　　　b. その日は、太郎は、ご飯を少し炊いた。（いずれも今仁・宝島 2008）

＊8 「多くの」がこの文に現れる場合、「この辺で、多くの事故は車と自転車の接触事故です」となり、「この辺で、起こった事故のうちの多くは…」と解釈される。

＊9 BCCWJ で「多い」の装定用法の用例を検索し、（ i ）の 2 例以外に「多い」が単独装定している例がほとんどない。そのほとんどが「～が多い N」だと思われる例である。

（ i ）a. しかし、現実は、原則どおりに事が運ばず、種々争いが生じます。多い例は修理をしないで、同程度の車両を賠償しろということでもめて、通常であれば 1 カ月程の代車使用で済むものが、二カ月も三カ月もの使用期間になることがあります。

　　　b. 脳深部の局所性の小梗塞だから一般に意識障害はきたさない。また、

失語や失行も示さない。多い症状は、片麻痺、半側の感覚障害、構語障害、手の不器用さなどである。　　　　　　　　（いずれも BCCWJ）

*10　被修飾名詞が「こと／とき／わけ／ところ／日…」であるといった例や、「〜が一番多い＋N」だと思われる例は除外されている。

*11　被修飾名詞が「順／とき／わけ／ほう…」であるといった例や、「〜が一番多い＋N」だと思われる例は除外されている。また、（41）の8例以外に、図表のタイトルだと思われるものは7例ある。

　(i) a. 中高年男性で多いメタボ
　　　 b. 中年で多い精神障害
　　　 c. 中高年で多い成人病死亡
　　　 d. 若者で多い不慮の事故による死亡割合
　　　 e. 核家族・夫婦共働き世帯で多い外食
　　　 f. 共働き世帯で多い金融資産純増
　　　 g. 女性若年層で多いこづかい消費　　　　　　（いずれも BCCWJ）

*12　被修飾名詞が「とき、時期、わけ、ため、状態…」であるといった例や、(ia) のような「〜がより多い＋N」だと思われる例や、(ib) のような「より多い＋N」だと思われる例は除外されている。

　(i) a. なにより、当時は情報量のより多い東海岸ばかりに夢中になっていた事もあり、馴染みの薄い西海岸の辺境地までを掘り下げてみようという気持ちには達していなかった。
　　　 b. たとえば、シルバー人材センターが雇用関係を否定した生きがい目的の就労を掲げているとはいえ、一部の会員の間にはより多い収入への希望が存在し、この事実を背景として、何らかの形で雇用保障の必要性を指摘する主張が展開している。

*13　（44）は田中（2018）に基づきまとめたものである。

*14　本研究では、「クジラは数が多い」が文脈なしで現れる場合容認されないと判断し、文脈があれば、容認される場合もあると考える。それについては、第4章で説明する。

*15　（45）と（46）は田中（2018）が引用したもので、（45a）と（46）は佐野（2016）、（45b）は仁田（1980）で挙げられた例である。

*16　段階性において類義語類の内部でも性質が均一ではない。そのすべてが非段階形容詞ではないが、段階性において「多い／少ない」と同じものがない。詳しくは第3章で議論する。

第3章

「多い／少ない」とその類義語類

　今井（2012）が指摘しているように、「多い／少ない」は装定用法において使用制限がある、一方、(1) のように、それらの類義語の「おびただしい、膨大だ、豊富だ、潤沢だ、稀少だ、わずかだ」は装定できる。意味的には同じ「数／量」を表すのに、振る舞いが異なり、先行研究の多くが「多い／少ない」の数量を表すという意味から「多い／少ない」の使用制限を説明しているため、同じ数量を表す類義語類と「多い／少ない」の違いを説明するのにどうしても無理が生じる。そこで、本研究は「多い／少ない」とその類義語類の統語的な違いを考察し、その統語的な違いがもたらす装定と述定する場合の機能の違いを明らかにすることを試みる。本研究では、「多い／少ない」とその類義語類の文中での機能が異なり、そのため、類義語類が「数／量」を表すにもかかわらず装定が可能であることを主張する。

(1) a.　{おびただしい／* 多い} 人が庭に集まっている。
　　b.　国会図書館には {膨大な／* 多い} 書物がある。
　　c.　倉庫には {豊富な／* 多い} 食料がある。
　　d.　そのプロジェクトには {潤沢な／* 多い} 予算が配分された。
　　e.　アフリカには {稀少な／* 少ない} 資源がある。
　　f.　{わずかな／* 少ない} 金が大きなトラブルの元になることがある。　　　　　　　　（まえがき (3) の再掲）

　まず、「多い／少ない」とその類義語類は、程度副詞との共起及び比較構文での生起可能性において違いが見られる。また、類義語類としてまとめられている形容詞は互いに性質が異なっており、均

質なカテゴリーをなしていないことを論じる。

　(2) のように、「多い／少ない」は程度副詞の修飾を受け、比較構文にも現れる。さらに、(3) と (4) が示すように、それらの語彙は大まかに2つのグループに分けられる。それは「おびただしい、わずかだ、膨大だ」と「豊富だ、潤沢だ、稀少だ」である。「おびただしい、わずかだ、膨大だ」はほとんど程度副詞の修飾を受けず、比較構文に現れない。「豊富だ、潤沢だ、稀少だ」は一部の程度副詞の修飾を受け、比較構文にも現れる。

(2) a.　アフリカの資源は日本より {多い／少ない}。
　　b.　図書館に人が {最も／とても／比較的／やや} {多い／少ない}。　　　　　　　　　　　　　　　　　(いずれも作例)

(3) a.　砲兵の死傷が {?最も／?とても／*比較的／*少し／*やや} おびただしい。
　　b.　私の貯金は {*最も／?とても／*比較的／*少し／*やや} わずかだ。
　　c.　総合図書館の蔵書は {最も／とても／*比較的／*少し／*やや} 膨大だ。
　　d.　アフリカの資源は {最も／とても／比較的／?少し／?やや} 豊富だ。
　　e.　A社の資金は {最も／とても／比較的／?少し／やや} 潤沢だ。
　　f.　その資源は {最も／とても／比較的／?少し／?やや} 稀少だ。　　　　　　　　　　　　　　　　　(いずれも作例)

(4) a.　*アメリカのコロナの死者は日本よりおびただしい。
　　b.　*アフリカの資源は日本よりわずかだ。
　　c.　*国立国会図書館の蔵書は阪大図書館より膨大だ。
　　d.　アフリカの資源は日本より豊富だ。
　　e.　A社の資金はB社より潤沢だ。
　　f.　アフリカの資源は日本より稀少だ。　　　(いずれも作例)

　また、以上の比較構文での生起の可否と程度副詞との共起の可否

44

という 2 つのテストの結果に基づいて、「豊富だ、潤沢だ、稀少だ」は「多い／少ない」と同様に扱えるように一見思われるが、さらに考察すると、(5) のように、それらの語彙は「多い／少ない」と異なる性質を示している。これらの例における「3 個」「10mg」などはメジャーフレーズ（measure phrase）と呼ばれ、段階形容詞の特徴を示すものとされる（Svenonius & Kennedy 2006）。実際、日本語の段階形容詞「高い、長い、深い、広い、大きい」などは「多い／少ない」と同じ振る舞いを示す。(6) がその例である。

(5) a. 花子が持っているリンゴは太郎より 3 個 {多かった／少なかった}。

b. *100g のみかんのビタミン C は 100g のリンゴより 10mg 豊富だ。

c. *A 社の資金は B 社より一千万円潤沢だ。

d. *日本の貴金属資源はアフリカより 100 トン稀少だ。

(いずれも作例)

(6) a. この棚はその棚より 3m 高い。

b. このプールはそのプールより 1m 深い。

c. この部屋はあの部屋より 30m^2 広い。　　(いずれも作例)

以上が示すように、「多い／少ない」の類義語類と「多い／少ない」が比較構文における生起の可否と、程度副詞との共起状況、メジャーフレーズとの共起可能性において、違いが見られる。本章*1 では、それらの違いは形容詞の文中での機能と関わりがあることを議論する。

1. 日中形容詞の装定用法の機能

連体修飾節には従来「限定的」と「非限定的」という 2 つの機能がある*2 と指摘されている。連体修飾節の「限定的」と「非限定的」という機能について、以下のいくつかの研究が挙げられる。

寺村（1984）は「限定的修飾」がある集合の中から特定の特徴

を持つ部分集合を取り出すための修飾で、「非限定的修飾（付帯状況説明的修飾）」はある特定のものについて、その文にとって何らかの意義を持つと考えられる情報を付け加えるための修飾であると述べている。（7）がその例である。

（7）a.　激しい雨、冷たい雨、小さい子、大きい子、賢い子
　　　　　　　　　　　　　　　　　　　　　　（限定的修飾）
　　　b.　小さかった太郎は訊いた　　　　　（非限定的修飾）

　三宅（1993）は、非限定的修飾の場合には修飾節を取り除いても文意は大きくは変わらないが、限定的である場合には文意に大きな異なりが見られると説明している。
　大島（2010）は「限定的修飾」を「属性限定」と「集合限定」に分類し、「属性限定」とは当該の事物に関連して列挙することのできる複数の属性の中からある属性を取り上げる限定で、「集合限定」とは属性の取り上げを経て部分集合が切り出されるプロセスまで含む限定であり、集合限定は属性限定を含んでいると説明している。
　形容詞の装定用法も連体修飾節の一種で、その機能についての研究の多くも「限定的」と「非限定的」という枠組みの中で行われていると思われる。荒（1989）は形容詞の装定用法は修飾される名詞に意味特徴をつけくわえて、その名詞にさしだされる物を、同じグループに属する他のものから区別するという機能が働くと指摘している。仁田（1980）も同じ主張で、形容詞による名詞の限定化は、主要語の属性を引き出すといった形で行われ、「多い／少ない」が被修飾名詞の属性を表していないことに基づき、それらの使用制限を説明している。久島（2010）も同じ立場である。すなわち、形容詞の装定用法は「限定的」にしか働かないという立場である。
　寺村（1991）は寺村（1984）と少し異なり、形容詞が述定する場合、「印象描写」と「範囲限定の品定め」の機能があり、形容詞が装定する場合「範囲限定の品定め」の機能しか働かないと指摘している。「印象描写」とは（8）のような用法を指す。（8）は人を

見たときの印象を表すのに使われる形容詞、例えば、「ハンサムだ」「強そうだ」「怖そうだ」「痩せている」「老けている」の中から「大きい」が選ばれたと考え、その場合の用法が印象描写の用法であると説明している。「範囲限定の品定め」の用法とは、(9) のようにある対象について、そのある特徴を述べる場合、その対象が属する種の平均を基準として、「相撲取りの中では」「蟻の中では」という常識的な平均から見てどうこうだという意味を表す場合の用法である。

(8) ［印象描写］
　　（われわれが相撲を見に行って、ある力士を近間に見て）大きいな！　　　　　　　　　　　　　　　　　　（寺村 1991）
(9) ［範囲限定の品定め］
　　a.　あの相撲取りは大きいなあ。
　　b.　この蟻は大きいなあ。　　　　　　　（いずれも寺村 1991）

　また、形容詞の装定用法は「範囲限定の品定め」の機能しかないと寺村 (1991) は述べている。(10) の各例における範囲は「その種の中では」、「動物一般の基準から言えば特別に」、「一般の人間の基準から言えば」などであると説明している。

(10)a.　首の長いキリンなら届くだろう。
　　b.　小さい蟻の入り込む隙間もない。
　　c.　気の弱い次郎は、ただ兄のいいなりになるしかなかった。　　　　　　　　　　　　　　　　　　　　　（いずれも寺村 1991）

　ところが、「多い／少ない」は「範囲限定の品定め」の機能が働かないため、装定不可であると説明している。寺村 (1991) の主張は「多い／少ない」が装定しにくいのは「被修飾名詞の一般の数量の基準」という基準が想定されないからだと理解できる。
　寺村 (1991) が提示している「範囲限定の品定め」の用法は被修飾対象をその対象が属する種の平均と比較し、判断するというこ

とを指し、上述の「限定的修飾」とは異なる定義の概念であると考えられる。つまり、数量を表す形容詞の装定用法における使用制限について、形容詞の装定用法の機能から2種類の説明が与えられていることになる。

1つは、「多い／少ない」は数量を表し、数量は被修飾名詞の内在的に有する属性ではないため、大島（2010）が述べている「集合限定」のような「限定的」機能が働かないという説明である。もう1つは、形容詞が装定する場合は、「範囲限定の品定め」が働き、範囲を限定する基準が必要となるにもかかわらず、数量を表す形容詞については「被修飾名詞が属する種の一般的な数量」や「物事の一般的な数量」といった基準がないため、「範囲限定の品定め」という機能が働かないという寺村（1991）の説明である。

ところが、中国語の形容詞の文中での機能に関する先行研究から、形容詞の装定用法の機能を再考することで重要な示唆が得られる。

数量形容詞の使用制限は、中国語においても成り立ち、形容詞「多（多い）、少（少ない）」は一般に装定は不可能である。ただし、日本語と異なるのは、「多」の代わりに、程度副詞「很（とても）」を付加した「很多」が装定可能であるという点である。朱（1956）は中国語の形容詞を甲類と乙類に分類し、甲類の形容詞（性質形容詞）は修飾される名詞を類別する機能を持つとし、乙類の形容詞（状態形容詞）は類別ではなく、描写の機能を持つと指摘している。「很多」は乙類の状態形容詞で、被修飾名詞を類別する必要がないため、装定が可能になると述べている。

類別機能について、朱（1956）は「白紙（白い紙）」という例を挙げて、紙にはさまざまな色の紙があるが、黒い紙ではなく、白い紙であるという意味で解釈されるのが形容詞の「類別する機能」だと述べている。前述の「限定的修飾」の機能と同じ意味であると考えられる。

一方、描写の機能とは、被修飾名詞を類別する機能ではない、すなわち非限定的修飾に近いと考えられるが、これについては後で詳しく説明する。

本研究は、「おびただしい、膨大だ、豊富だ、潤沢だ、稀少だ、

48

わずかだ」などが中国語の状態形容詞と類似した性質を持ち、描写
の機能つまり非限定的な機能が働くため数量を表しても（属性を表
していないために）装定可能であると考える。さらに、それらが非
限定的な機能として働くのは、それらが非段階形容詞という性質を
持つことと関係すると説明する。さらに、非段階形容詞であるため、
寺村（1991）が述べている「範囲限定の品定め」の機能が働かず、
「被修飾名詞が属する種の一般的な数量」や「物事の一般的な数量」
といった基準を必要としないと主張する。

　次節では、中国語の性質形容詞と状態形容詞の振る舞いの違いを
述べてから、「多い／少ない」とその類義語類の間に類似する違い
が見られることを示す。さらに、中国語の形容詞の機能に関する研
究を参考に、形容詞の機能は形容詞の有界性という性質と関係する
ことを示すとともにその関係性を検証し、さらに形容詞の有界性は
段階性によって決まることを説明する。

2.　中国語の性質形容詞と状態形容詞

　この節では、中国語の性質形容詞と状態形容詞の統語的特徴とそ
れらの統語的な振る舞いの違いについて見ていく。

　朱（1956）は形容詞を単純式の甲類（性質形容詞）と複雑式の
乙類（状態形容詞）に分類している。甲類は単純な属性を表し、被
修飾名詞を類別する機能を持つ。乙類はある種の量の観念、あるい
は量の観念を含む属性に対する話者の主観的評価を表し、描写する
機能を持つ。朱（1956）が述べている「量の観念」は程度のこと
を指すと理解できる。

　例えば、「白紙（白い紙）」の「白」は甲類形容詞で、「雪白的紙
（純白の紙）」の「雪白」は程度の高い「白さ」を意味する点で乙類
形容詞とされる。前者の「白」は「紙」の属性を表し、「紙」を類
別する根拠であるのに対し、後者の「雪白」は類別の根拠ではなく、
言及した物事の状態や様相を描写するものであると朱（1956）は
説明している。

　朱（1956）によると、性質形容詞は単音節形容詞（大（大きい）、

红（赤い）、多（多い）、快（速い）、好（いい））と一般の二音節形容詞（干浄（きれい）、大方（気前の良い）、糊涂（混乱する）、規矩（礼儀正しい）、偉大（偉い））を含む。状態形容詞について、朱（1982）は形式からそれを以下の5つのタイプに分類している。5)の"f"は程度副詞のことを指す。「很多」は5)に属し、類別の機能が働かないため、被修飾名詞の属性を表す必要がなく、装定が可能になると述べている。

1) 小小儿的（小さい　単音節性質形容詞の重畳型）
2) 干干浄浄（的）（清潔な　二音節性質形容詞の重畳型）
3) 煞白，冰涼，通红，喷香，粉碎，稀烂（白い、冷たい、赤い、芳しい、ばらばらだ、どろどろした　程度や状態を表す成分を含む二音節形容詞）
4) 黒乎乎，緑油油，慢腾腾，硬梆梆，傻里傻气，灰不溜秋（黒い、緑色な、遅い、硬い、ばかばかしい、灰色な　ABBやA里ABやA不BC式などの形容詞の複雑式）
5) "f＋形容词＋的"（程度副詞との合成式）

　　朱（1956、1982）は形式によって中国語の形容詞を性質形容詞と状態形容詞に分類し、両者の統語的な振る舞いの違いを指摘している。これは、以下の（11）のようにまとめられる。

(11)a.　性質形容詞は類名を修飾でき、具体的な個体を修飾できないのに対して、状態形容詞は具体的な個体を修飾できる。例えば、性質形容詞の「红（赤い）」と状態形容詞の「红红的（赤い）」について言えば、前者は「一朵花（一輪の花）」を修飾できないのに対し、後者は「一朵花（一輪の花）」を修飾できる。状態形容詞はより自由に装定の位置に現れる。　　　　　　　　　　（朱1956）

　　b.　性質形容詞が単独で述定の位置に現れると対比の意味が生じるのに対して、状態形容詞は対比と比較のニュアンスがなく、自由に述定の位置に現れる。例えば、

性質形容詞「紅（赤い）」が「这朵花红（この花は赤い）」という文脈に現れる場合、「あの花は赤くない」のような対比の意味を含意するのに対し、状態形容詞「红红的（赤い）」を使った「这朵花红红的」はそのような意味を含意しない。 (朱1982)

c. 繋辞を使った形容詞述語文の場合、装定用法と同様に、性質形容詞は主語の名詞を類別する機能が働く（「这张纸是白的（この紙は（他の色ではなく）白だ）」）。状態形容詞は主語を類別するのではなく、主語の状況や情態を表す（「这张纸是雪白的（この紙は真っ白だ）」）。 (朱1956)

その性質形容詞の被修飾名詞を類別する機能と、状態形容詞の描写機能によって、以下の例についても説明がなされている。(12a) の各被修飾名詞は、それぞれ「温度、厚さ、色」によって分類できるのに対して、(12b) の「顔、ほこり、農作物」などはそれらの形容詞によって分類されないため、(12a) が容認され、(12b) が容認されない。それに対して、(12c) の各状態形容詞は「顔、ほこり、農作物」を修飾できるという。

(12) a.　凉水，　　薄纸，　绿绸子
　　　　冷たい水　薄い紙　緑の絹

　　b.　*凉脸，　*薄灰尘，　*绿庄稼
　　　　冷たい顔　薄いほこり　緑の農作物

　　c.　冰凉的脸，　薄薄的灰尘，　绿油油的庄稼
　　　　冷たい顔　　薄い　　ほこり　緑の　　　農作物

(いずれも朱1956)

　以上、中国語の性質形容詞と状態形容詞の統語的な違いを紹介した。次節では、性質形容詞と状態形容詞が上述のような異なる振る舞いを示す理由について、先行研究に基づいて考察する。

2.1 「非有界」である性質形容詞と「有界」である状態形容詞

朱（1956, 1982）は、状態形容詞はある種の量の観念、あるいは量の観念を含む属性に対する話者の主観的評価を表すため、性質形容詞と異なる振る舞いをすると述べている。

沈（1995）、張（2000）、張（2007）などは、朱（1956, 1982）の「状態形容詞はある種の量の観念、あるいは量の観念を含む属性に対する話者の主観的評価を表す」という観点をさらに発展させ、性質形容詞と状態形容詞が示す量的特徴をより一般的な観点から分析している。それは、形容詞が表す性状の有界（bounded）・非有界（unbounded）という観点から中国語の形容詞性質形容詞、状態形容詞の振る舞いを説明するという分析である。

有界・非有界（boundness）という概念は Declerck（1979）、Jackendoff（1983）、Jackendoff（1990）、Langacker（1987）で提示され、動詞と名詞の内部の意味的性質を説明するのに用いられている*3。Langacker（1987）は名詞が可算・不可算によって、有界と非有界に分けられ、動詞が、event / process、telic / atelic によって、有界と非有界に分けられるとまとめている。

形容詞の有界性（boundedness）については、沈（1995）によると、形容詞の持っている量的な性質によって決まる。沈（1995）は「白」（性質形容詞）、「雪白」「灰白」（状態形容詞）を例として以下のように説明している。「白」という色はモノの性状だが、「白」には各種程度の差があり、「雪白（真っ白）」も、「灰白（青白い）」も「白」にはいる。したがって、「白」とはさまざまな種類の白色を代表するもので、どれとは決められない不定の量の幅を持ち、非有界性を示す。それに対して、「雪白」「灰白」はその非有界の量の幅の一定度（"量段"）あるいは一点（"量点"）を示すもので、有界性を示す。さまざまな程度の「白」の間の境界線は明確でないが、主観的には境界が存在すると認識されているため、それらが示す性状は有界なのであると説明している。

沈（1995）が説明している有界・非有界は以下のように理解できる。「雪」「灰」は修飾成分であり、修飾することによって、「白」

の範囲を狭くし、限定している。Declerck（1979）が指摘している、修飾されていない裸名詞句の「girls」は非有界であるが、修飾されることによって有界になる場合があるという名詞の状況と類似していると考えられる。

　状態形容詞の有界性によって、（11）の統語的な振る舞いが説明できる。（11a）については、沈（1995）によると、「類名」は非有界で、「具体的な個体」は有界であるが*4、修飾するものとされるものは有界性について一致していなければならないため、有界である具体的な個体は非有界である性質形容詞による修飾ができないということになる。

　沈（1995）が述べている「類名」は、総称あるいは1つの集合全体を表す名詞句のことを指し、「具体的な個体」は集合を構成する要素の個体レベルのものを指すと考えられる*5。

　（12b, c）の差が生じるのは、石（2000）と藺（2002）によると、現代中国語において、独立した文の述語は有界の成分である必要があるからである*6。上述の内容をまとめると表1のようになる。

表1：中国語の性質形容詞と状態形容詞の違い

中国語の形容詞	性質形容詞(甲類)	状態形容詞(乙類)
有界性	非有界	有界
意味	属性を表す	量の観念、あるいは量の観念を含む属性に対する話者の主観的評価を表す
機能	被修飾名詞を類別する	言及した物事の状態や様相を描写する
装定の特徴	類名を修飾でき、具体的な個体を修飾できない	具体的な個体を修飾でき、より自由に装定できる*7
述定の特徴	単独で述定の位置に現れると対比の意味が生じる	単独で述定の位置に現れる場合、対比の比較のニュアンスがなく、より自由に述定できる
コピュラ文に現れる場合	主語の名詞を類別する	主語の状況や状態を表す

　以上で示したように、形容詞の限定と非限定の機能は形容詞の有

界性と関係することが指摘されている。しかしながら、形容詞の有界性は意味的な特徴であり、それがどのような統語的テストによって弁別されるかを明らかにする必要がある。次節では、形容詞の有界性は形容詞の段階性とスケール構造と関係することを示し、それを判断するための統語的テストについて考察する。それを踏まえ、「多い／少ない」が表す概念が非有界で、類義語類が表す概念が有界であることが説明される。

2.2　形容詞の有界性と段階性

　形容詞の有界と非有界は段階性（gradability）に反映される。なぜならば、それぞれ異なる研究で、形容詞の有界性の判定基準、それから形容詞の段階性の判定基準が同様に、程度副詞との共起状況や比較構造での生起状況と設定されているからである。本節では、いつかの先行研究に基づき、形容詞の段階性と有界性を判断するテストを確認した上で、数量を表す形容詞の段階性と有界性を判断するための統語的な判断基準を規定する。

　前節では、有界性は名詞、動詞、形容詞に普遍的に見られる性質であることを示した。一方、Sapir（1944）は段階的（gradable）と非段階的（non-gradable）という概念を提示し、段階性（gradability）という特性は、名詞、動詞、副詞、形容詞といった品詞に見られる普遍的な特性であるとしている。

　Quirk et al.（1972）、Klein（1980）、Kennedy（1999a）、Paradis（2001）などによると、形容詞は段階形容詞と非段階形容詞に大別される。段階形容詞と非段階形容詞の違いは次の2つの特徴によって示される。1つは、段階形容詞は比較級と最上級を持ち、very、extremely、fairly といった程度副詞（degree modifiers）の修飾を受けるのに対し、非段階形容詞（non-gradable adjective）は程度副詞の修飾を受けない。もう1つは、段階形容詞は -er/more、less、as、too、enough、so、how といった度合い構文（degree construction）に現れるのに対し、非段階形容詞は度合い構文に現れない。（13）はその例である。

54

(13) a. tall/taller/tallest (Quirk et al. 1972)

    b. beautiful/more beautiful/most beautiful

(Quirk et al. 1972)

    c. *very* young (Quirk et al. 1972)

    d. *extremely* useful (Quirk et al. 1972)

    e. The city lights are fairly bright tonight. (Kennedy 1999a)

    f. Venus is brighter than Mars. (Kennedy 1999a)

    g. Mars Pathfinder was less expensive than previous missions to Mars. (Kennedy 1999a)

    h. Neptune is not as distant as Pluto. (Kennedy 1999a)

    i. The equipment is too old to be of much use to us.

(Kennedy 1999a)

    j. Current spacecraft are not fast enough to approach the speed of light. (Kennedy 1999a)

    k. The black hole at the center of the galaxy is so dense that nothing can escape the pull of its gravity, not even light.

(Kennedy 1999a)

    l. How bright is Alpha Centauri? (Kennedy 1999a)

    m. ??Giordano Bruno is very dead. (Kennedy 1999a)

    n. ?? Giordano Bruno is too dead to fly on the space shuttle.

(Kennedy 1999a)

    o. ?? Giordano Bruno is too dead to fly on the space shuttle.

(Kennedy 1999a)

    p. ?? The new spacecraft is more octagonal than the old one.

(Kennedy 1999a)

    q. ??How former a president is Carter? (Kennedy 1999a)

なぜならば、比較構造と程度副詞は段階性を持ち、段階性を持つ構造はその構造に生起できる要素も段階的である必要がある*8 ためである。ここから、段階性を持つ語彙項目はそれが修飾するものも段階的である必要があると考えられる。したがって、非段階的な (non-gradable) 形容詞である atomic、pregnant、geographical、 hexagonalなどは（13）のような形式に現れない。

　一方、中国語の性質形容詞と状態形容詞を区別するのにも、程度副詞との共起可能性がテストとして使われている。（14）が示すように、性質形容詞は「最（最も）、很（とても）、比較（比較的に）、稍微（やや）」といった程度副詞と共起でき、状態形容詞はそれらの程度副詞と共起できないとされる*9。

(14)a.　（最／更／比較／很／非常／稍微）｛大／白／紅／肥／富裕／干浄｝

　　b.　（*最／*更／*比較／*很／*非常／*稍微）｛宏大／雪白／瑰丽／苍茫｝

中国語の性質形容詞と状態形容詞のそのような違いについて、張（2000）は状態形容詞は量的に幅を持たない一方、性質形容詞は量的に幅を持つ、そのため、状態形容詞は「最（最も）、很（とても）、比較（比較的に）、稍微（やや）」などの程度副詞の修飾を受けないが、性質形容詞は程度副詞の修飾を受けると説明している。つまり、性質形容詞は非有界の"量幅"を表し、状態形容詞は有界の"量段"あるいは"量点"を表す。

　上述のように、形容詞の有界性は形容詞の段階性と関係すると考えられる。ただ、段階的（gradable）であることは非有界であることを意味しない。石（2001）によると、fully gradableな形容詞だけが非有界で、それ以外のgradableなものは有界である（Cruse1986、Paradis2001も参照）。

　以上を踏まえ、数量を表す形容詞の有界性については以下のように考えられる。（15）と（16）が示しているように、「多、少」と「多い／少ない」は段階形容詞で、かつ低度を表す程度副詞から高度を表す程度副詞の修飾を受け、非有界であると考えられる*10。一方、「很多、很少」、「おびただしい、わずかだ、膨大だ」は非段階形容詞で有界であると考えられる。

(15) a.　图书馆里人 {最／很／ 比较／有点} 多。
　　　　　図書館に 人　 最も とても 比較的 やや　 多い

　　 b.　图书馆里人 {最／很／ 比较／有点} 少。
　　　　　図書館に 人　 最も とても 比較的 やや　 少ない

　　 c.　图书馆里人 {*最／*很／*比较／*有点} 很多。
　　　　　図書館に 人　　 最も　 とても 比較的　 やや　 とても多い

　　 d.　图书馆里人 {*最／*很／*比较／*有点} 很少。
　　　　　図書館に 人　　 最も　 とても 比較的　 やや　 とても少ない

　　 e.　今天图书馆的人比 昨天 {多／少}。
　　　　　今日 図書館 の人より昨日　 多い 少ない

　　 f.　今天图书馆的人比 昨天 {*很多／ *很少}
　　　　　今日 図書館 の人より昨日　 とても多い とても少ない

(16) a.　図書館に人が {最も／とても／比較的／やや} 多い。

　　 b.　図書館に人が {最も／とても／比較的／やや} 少ない。

　　 c.　砲兵の死傷が {?最も／?とても／*比較的／*少し／
　　　　　*やや} おびただしい。

　　 d.　私の貯金は {*最も／?とても／*比較的／*少し／*や
　　　　　や} わずかだ。

　　 e.　総合図書館の蔵書は {最も／とても／*比較的／*少し
　　　　　／*やや} 膨大だ。

　　 f.　アフリカの資源は日本より {多い／少ない}。

　　 g.　*アメリカのコロナの死者は日本よりおびただしい。

　　 h.　*アフリカの資源は日本よりわずかだ。

　　 i.　*国立国会図書館の蔵書は阪大図書館より膨大だ。

((3)、(4) の一部を再掲)

　一方、「豊富だ、潤沢だ、稀少だ」といった形容詞は fully grada-ble ではないため、段階形容詞ではあるが、有界である。なぜそれらが fully gradable ではないと言えるのか。以下では、それらの語彙と「多い／少ない」の 3 つの統語的な違いを指摘する。第一に、それらは「少し、やや」と共起しにくい*11。これは、「豊富だ、潤沢だ、稀少だ」が完全に相対的な概念を表すのではなく、「豊富だ、

潤沢だ、稀少だ」と言えるためには既に一定の基準に達している必要があるためだと考えられる。その基準は話者の判断によるものであり、必ずしも客観的な基準が存在するわけではない。それと関連し、第二に、それらが比較構文に現れる場合の文の意味と「多い／少ない」が比較構文に現れる場合の文の意味が異なることがある。第三は、それらがメジャーフレーズと共起できないことである（第3章(5)も参照）。この3つの違いは、それらのスケール構造が「多い／少ない」と異なることによると考えられる。以下で、これら3点について具体的に見ていくことにする。

安井他（1976）は *big-small* のような形容詞のスケール構造は(17)のようであり、*stupid*、*intelligent* のような形容詞のスケール構造は(18)のようであると指摘している。安井他（1976）は前者を記述形容詞、後者を評価形容詞と呼んでいる。安井他（1976）は *big-small* のような記述形容詞が1つの尺度をなし、その尺度における任意の2つの点をとり、両方向に比較できると述べている。一方、*stupid*、*intelligent* のような評価形容詞は、全体として1つの比較の尺度をなすというより、むしろ、別々の尺度をなすと考えられるからであると説明している。

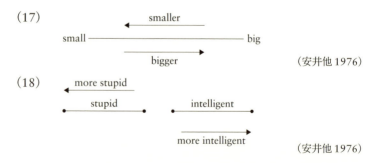

(安井他 1976)

たしかに、「多い」と「少ない」は反意語で、(17)と同様に同一のスケールをなすと考えられるが、「豊富だ、潤沢だ、稀少だ」などがそれらと同じスケール上にある反意語を持つことは考えにくい。

(19)

　また、記述形容詞と評価形容詞のスケールの違いは、比較構文に現れる場合、文の意味の違いに反映される。安井他（1976）は（20a）＝（20b）、（20c）≠（20d）と指摘している。（20a）ではJohnとBillのいずれかあるいは両方がshortであるという解釈が可能であり、（20b）ではJohnとBillのいずれかあるいは両方がtallであるという解釈が可能である。したがって、（20a）と（20b）は同義になる。一方、（20c）におけるJohnとBillは2人ともintelligentでなければならず、（20d）におけるJohnとBillは2人ともstupidでなければならない。したがって、（20c）と（20d）は同義にはならない。

(20) a.　John is taller than bill.
　　 b.　Bill is shorter than John.
　　 c.　John is more intelligent than Bill.
　　 d.　Bill is more stupid than John.　　（いずれも安井他1976）

　安井他（1976）の（20）に関する指摘から、このように形容詞が比較構文に現れる場合の条件を、その形容詞のスケール構造をチェックするテストとして使うことができると考えられる。日本語の場合、例えば、「愚かだ、貧乏だ、乏しい」といった形容詞の場合、（21）のような文では使われない。すなわち、それらが比較構文に現れる場合、両者とも愚かだ、両者とも貧乏だ、両者とも乏しいという前提を持つ。かつ、それらは「少し、やや」と共起しにくいという性質も持つ。

(21) a.　*私はアインシュタインより愚かだ。／*AさんはBさんより愚かだ。（ABともとても賢い人である場合）
　　 b.　*私はイーロン・マスクより貧乏だ。／*マーク・ザッカ

ーバーグはイーロン・マスクより貧乏だ。(両者とも金
持ちである場合)

c. *ロシアはサウジアラビアより石油が乏しい。

d. ?私は {少し／やや} 愚かだ。

e. ?私は {少し／やや} 貧乏だ。

f. ?日本は石油が {少し／やや} 乏しい。　　(いずれも作例)

　それと同様に、本章の最初で示したように、「豊富だ、潤沢だ、
稀少だ」は比較構文に現れるが、その場合、比較される両者とも
「豊富だ、潤沢だ、稀少だ」という含意を持つ。一方、「多い／少な
い」が比較構文に現れる場合、比較される対象自体が多いあるいは
少ないかという意味が表されないという点で両者に違いが見られる。

(22) a. *日本は韓国より石油が豊富だ。／日本は韓国より石油
が多い。

b. (A、Bの予算とも少ししかない場合) *Aプロジェクト
の予算はBプロジェクトより潤沢だ。／Aプロジェク
トの予算はBプロジェクトより多い。

c. *雀は鳩より稀少だ。／日本では雀は鳩より少ない。

　このことから、「多い／少ない」と「豊富だ、潤沢だ、稀少だ」
が単独で使われる場合の含意も異なると言える。つまり、すべての
形容詞は寺村(1991)が述べている「範囲限定の品定め」の機能
が働かなければならないわけではない。「豊富だ、潤沢だ、稀少だ」
のような評価形容詞は、比較を含意しない。そのため、「物事の一
般的な数量」という比較基準がなくても、「豊富だ、潤沢だ、稀少
だ」の使用に影響がない。

　最後に、「多い／少ない」がメジャーフレーズと共起でき、「豊富
だ、潤沢だ、稀少だ」がメジャーフレーズと共起できないことも
「豊富だ、潤沢だ、稀少だ」のスケール構造によると考えられる。
これは、記述形容詞がメジャーフレーズと共起する場合の意味を考
えれば明らかになる。例えば、「AはBより多い」という場合、ス

ケールにおいてＡはＢより右側にあるということを意味すると考えられ、「ＡはＢより30g多い」という場合、例えばスケール上でＡが10gというところに位置付けられ、Ｂが40gのところに位置付けられ、その間の間隔が30であると考えられる。一方、評価形容詞の場合、ただ話者の主観的な評価を表し、そのスケールは順序づけられた数値によって構成されるとは考えられない。

　以上をまとめると、「豊富だ、潤沢だ、稀少だ」などは「多い／少ない」と同じように比較構文に現れ、一部の程度副詞の修飾を受けるが、両者のスケール構造は異なるということになる。段階形容詞のスケール構造は、沈（1995）が述べている「形容詞が表す量の幅」という概念を反映していると思われる。非段階形容詞は段階性を持たないため、"量点"を表すし、「豊富だ、潤沢だ、稀少だ」のような評価形容詞のスケールは両端に end point があり、"量段"を表すと考えることができる。ここから、「おびただしい、わずかだ、膨大だ」、「豊富だ、潤沢だ、稀少だ」などが表す概念は有界であると結論づけられる*12。

　次節では、装定する場合と述定する場合において、「おびただしい、わずかだ、膨大だ」、「豊富だ、潤沢だ、稀少だ」などが、中国語の状態形容詞のように、非限定的な機能を持つかを検証する。

3.「多い／少ない」とその類義語類の違い

　この節では、中国語の性質形容詞と状態形容詞の振る舞いを対照しながら、「多い／少ない」およびその類義語類の述定用法と装定用法の両方の違いを考察する。

3.1 「多い／少ない」とその類語類の述定用法

　まず、述定の場合を見てみる。中国語の性質形容詞は自由に述語として使わず、単独で述語になる場合は、「対比／比較」の意味を表すと朱（1982）は指摘している。例を挙げて説明すると、性質形容詞「厚」を述語とする文「这本书厚（この本は厚い）」は「この本は厚いタイプだ」のように分類を表しており、本に対する叙述

とは解釈できない。あるいは、「这本书比那本书厚（この本はその本より厚い）」という含意が含まれている。

中国語の性質形容詞に関するこのような制限は、佐野（2016）が指摘する「??クジラは多い」が不自然であるのに対し、「クジラは多いが、イルカは少ない」のような対比する文脈なら自然であるという現象と通底するものと思われる。

張（2011）は、中国語の性質形容詞が無標で述定の位置に現れる2つのケースを指摘している。1つは、結果補語として現れる場合である。もう1つは、(23)のような「S$_1$ + S$_2$ + 形容詞」の構造に現れる場合である。

(23) a. 他　头发　蓬松
　　　　彼　髪の毛　ふわふわ　　　（彼は髪の毛がふわふわである）

　　 b. 他　浑身　　难受
　　　　彼　至るところ　不快　　　（彼は全身が快くない）

　　 c. 他　精神　疲惫
　　　　彼　精神　疲れ果てる　　　（彼は精神的に疲れ果てている）

　　 d. 他　封建意识　浓厚
　　　　彼　封建意識　強い　　　（彼は封建的な意識が強い）

　　 e. 这本书　内容　丰富
　　　　この本　内容　豊富　　　（この本は内容が豊富である）

　　 f. 下属部门　机构　庞大
　　　　下位部門　機構　膨大　　　（下位部門は仕組みが膨大である）

　　 g. 树木　枝叶　茂密
　　　　樹木　葉　密生している　（この樹木は葉っぱが密生している）

　　 h. 车站　人员　庞杂
　　　　駅　人　繁雑　　　（駅には人が様々で多くいる）

　　　　　　　　　　　　　　　　　　　　　（いずれも張2011）

佐野（2016）が指摘するように、「多い」単独では主題に対して叙述できないが、以下のような文脈では「～が多い」が一つのまとまりとして主題に対して叙述できるようになる。(24)の各例は、

62

張（2011）が指摘している中国語の用例の日本語における対応物
である「S$_1$＋S$_2$＋形容詞」の形式をとっている。「多い／少ない」
及び、後で提示する他の段階形容詞が2つの主語をとるのかについ
ては、第4章で詳細に議論する。

(24) a.　その人は子どもが多いからすでに二軒借りて住んでい
　　　　　るんです。
　　　b.　○○公園はごみが多い。
　　　c.　既存の化学処理法はきわめて高価で問題が多い。
　　　d.　ここは公園の核心部でレンギョウ、モクレン、ブジ、
　　　　　サルスベリなど花が多い。
　　　e.　日頃の彼女たちの保護活動は実に地道で苦労が多い。

（第2章（39）の再掲）

「対比／比較」を表すことは、排他的な文脈に現れるかどうかに
よっても検証できる。朴（2016）は、「好」と「很好」は、前者が
排他的な文脈に現れるのに対し、後者がそのような文脈に現れない
という点で異なることを指摘しているが、「好」が性質形容詞、「很
好」が状態形容詞であると考えれば、このことは自然に説明される。

(25) Q：哪个好（どれがいいですか）？
　　　　　—A：这个 {好／* 很好}（これがいい）。　　　　（朴2016）
(26) Q：天气怎么样（天気はどうですか）？
　　　　　—A：天气 {* 好／很好}（天気はいい）。　　　　（朴2016）

「多／少」と「很多／很少」に関しても同様である。「多／少」は
「対比／比較」の意味を表すのに対し、「很多／很少」はそのニュア
ンスがない。

(27) Q：这个点一般哪个食堂人 {多／少}？
　　　　　（この時間はどの食堂が人が {多い／少ない} のか。）
　　　　　—A1：馆下食堂人 {多／少}。

第3章　「多い／少ない」とその類義語類　　63

A2：＊馆下食堂人 {很多／很少}。

　　　（館下食堂は人が {多い／少ない}）　　　　　　　　（作例）

(28) Q：黄金周去旅游的人多，还是待在家的人多？

　　　　（ゴールデンウィークは旅行に行く人が多いか、それとも家にいる人が多いか）

　　─A1：我觉得还是去旅游的人多吧。

　　　　（旅行に行く人が多いと思う）

　　　A2：＊我觉得还是去旅游的人很多吧。

　　　　（旅行に行く人が多いと思う）　　　　　　　　　（作例）

　また、「多い」と「おびただしい、膨大だ」、「少ない」と「わずかだ」を比較すると、「多い／少ない」が排他的な文脈に現れうるのに対し、「おびただしい、わずかだ、膨大だ」はそのような文脈に現れにくいことが分かる。

(29) Q：この一年でどの災害が多かったですか？

　　─A：地震が {多かった／?? おびただしかった} です。

　　　　　　　　　　　　　　　　　　　　　　　　　　　（作例）

(30) Q：阪大の３つの図書館のうちどちらの蔵書が多いですか？

　　─A：総合図書館が {多い／?? 膨大} です。　　　（作例）

(31) Q：この一年でどの災害が少なかったですか？

　　─A：洪水が {少なかったです／?? わずかでした}。　（作例）

　さらに、段階形容詞は比較を含意することが指摘されている。Cruse（1986）によると、段階形容詞は比較を含意する表現である。それは、「a long skirt」を想起する場合、「short」という概念も同時に活性化されるからだと述べている。また、Cresswell（1976）は、「Bill is a tall man」は「Bill is a taller than the average man.」の意味であることを指摘している。比較を含意する段階形容詞は open scale の段階形容詞に限ると考えられる。すなわち、open scale の段階形容詞の意味が漠然（vague）としており、２つの反意語が同じスケールをなすため、２つの反意語が表す概念が相対的に決まる

ものである。絶対的に長い、高いといった意味はありえない。

　これらと同様に、「多い／少ない」が単独で使われる場合も、比較を含意するため、比較基準がなければ、多い、あるいは、少ないとは言えないと考えられる。一方、「豊富だ、潤沢だ、稀少だ」の反意語はそもそも何かが考えにくく、仮にそれぞれ「乏しい、不足だ、豊かだ」であると考えたとしても、それらが単独で使われる場合、必ずしもその反意語の概念が活性化される必要はない。したがって、（32a）≠（32a'）、（32b）≠（32b'）、（32c）≠（32c'）、（32d）≠（32d'）となる。また、前節で指摘したように、それらが比較構文に現れる場合、比較される両者とも「豊富だ、潤沢だ、稀少だ」という意味を表さなければならない。このことから、（31）のようにそれらが単独で使われる場合も、比較基準の存在が想定されずに、主語名詞句が「豊富だ、潤沢だ、稀少だ」という意味を表す。

(32) a.　バナナにあるビタミンEは全乳にあるビタミンEより豊富だ。バナナには百グラムに 0.27 ミリグラムのビタミンEが含まれており、これはビタミンEが豊富だといわれる全乳の三倍の数値にあたります。

　　a'.　全乳にあるビタミンEはバナナにあるビタミンEより乏しい。

　　b.　Aプロジェクトの予算はBプロジェクトより潤沢だ。

　　b'.　Tesla の資金は Apple より不足だ。

　　c.　ルビーはダイヤモンドより稀少だ。

　　c'.　ダイヤモンドはルビーより豊かだ。　（いずれも作例）＊13

　以上のように、「多い／少ない」は単独で述語として使われる場合「対比／比較」のニュアンスが生じ、排他的な文脈にも現れうる。第4章では、またこの「多い／少ない」が表す「対比／比較」の意味と、それがどのように表されるかより詳細に示す。一方、「おびただしい、わずかだ、膨大だ」は単独で述語として使われる場合は「対比／比較」を表すことはなく、排他的な文脈に現れることもない。また、「豊富だ、潤沢だ、稀少だ」が単独で述語として使われ

る場合、比較を含意しないことも示した。このことから、述語として使われる場合、非有界の「多い／少ない」は中国語の性質形容詞と類似した性質を示し、有界の類義語類は中国語の状態形容詞と類似した性質を示すことが分かった。

3.2 「多い／少ない」とその**類義語類の装定用法**

3.1節で述べたように、中国語の性質形容詞が装定する場合、被修飾名詞を類別するという限定的機能が働き、状態形容詞は描写する、すなわち非限定的な機能が働くと指摘されている。この指摘に基づき、前節では「多い／少ない」とその類義語類の述定用法の違いを見た。この節では、「多い／少ない」とその類義語類が装定用法においても、述定用法のように異なる機能が働くのかを検討するために行ったコーパス調査の結果について論じる。

BCCWJで、「多い（連体修飾形）」が文頭から始まり、名詞が後接する文を調べた*14。その結果「多い＋N」は62例があり、共起する名詞を観察すると、以下の表2のようになる。

表2:「多い」の連体修飾形に後接する名詞

時	日	方	人	分	物	順	その他
20	11	6	4	3	2	2	14

「多い」の場合、修飾される名詞のほとんどは「時、日、方」といった非実質名詞である。また、以下の（33）が示すように「多い＋N」の例の多くは形式上は単独の装定となっているが、実際は「〜が多い＋N」の省略である。以下の各例はそれぞれ、「水が多い時、走る距離が多い時、守護霊が多い人、刺さった槍先が多い死体」などの意味である。

(33) a.　毎朝病院へ寄って、この穴から水をとってもらうんです。<u>多い時</u>は一升も出ますね。

b.　冬場は長い距離を走って体づくりに専念してきた。<u>多い日</u>は、ダウン走を含めて三十五キロを走り込んでいる。

c. 守護霊は一人とは限りません。<u>多い人</u>ですと三人も四人もついています。

d. この時代に殺されたマンモスの死体はいまでも、槍の穂先がささった状態で発見される。<u>多いもの</u>では一体に八つの槍先がささっている。

　このことは、「多い」単独では語彙的な意味の関係で類別する機能が働かず、「〜が多い」が一つのまとまりとして修飾される名詞を限定していると考えれば自然に説明できる。第4章で、この限定する機能の本質と、「多い」の段階形容詞としての意味を詳しく述べる。

　「おびただしい（連体形）」で名詞を修飾する例は393例、「わずかだ（連体形）」は1,249例、「膨大だ（連体形）」は1,051例ある。それらの形容詞と共起する名詞は以下の表3、表4、表5のようになる。

表3：「おびただしい」の連体修飾形に後接する名詞

数＊15	量	人、人間、人員、人々、人の群れ、死者、留学生…	血	作品、著作	その他
119	25	24	16	4	205

表4：「わずかだ」の連体修飾形に後接する名詞

時間	期間、隙間、空間、間、隙…	金額、額、金、貯金、資金、給料…	差、段差、時間差、距離…	変化、変動、変更	光、明かり	数、人数、日数、件数…	量、供給量	違い	例、例外	その他
118	120	89	44	33	27	24	20	16	15	743

表5：「膨大だ」の連体修飾形に後接する名詞

量	数	情報	時間	エネルギー	データ	資金	費用	資料	額	その他
107	86	47	31	28	22	20	17	17	15	661

　「おびただしい」が装定する例のうち、被修飾名詞が「数」と「量」である例が多い。そして、「わずかだ」が装定する例のうち、

被修飾名詞が「時間」、「金額」、「差」、「変化」である例が多く、被修飾名詞が「数」、「量」である例もある。「膨大だ」が装定する例のうち、被修飾名詞が「量、数、情報」である例が多い。

まず、「おびただしい、わずかだ、膨大だ」が共通して「数／量」を修飾できることがわかる。「数／量」は「ごみ、問題、花」のような名詞と異なり、複数の種類からなる集合を成していないため、本来的にさらに類別されることが不可能である。そして、「時間、金額、差、変化、情報」のような名詞も同様である。

また、「おびただしい」、「わずかだ」、「膨大だ」が装定する例を、以下の（34）、（35）、（36）で挙げる。それらの例を観察すると、「おびただしい」と「わずかだ」の場合は「多い」と異なり、ガ格名詞句が省略されているとは考えにくく、限定する機能が働くとも考えにくい。（34）、（35）、（36）の各例では、「おびただしい」「わずかだ」「膨大だ」は後接する名詞を直接修飾している。すなわち、（34）の例は「数、量、人、血、作品、粉塵、短篇小説などがおびただしい」の意味を、（35）の各例はそれぞれ、「時間、隙間、スペース、変化、月の光、人、製造する量、違いなどがわずかだ」の意味を、（36）の各例はそれぞれ、「量、数、情報、時間、エネルギー、資金などが膨大だ」の意味を表している*16。

(34) a. 都会では忘れていた、おびただしい数の星が、暗い夜空をびっしり埋めつくしていた。

  b. 遠くの山から、おびただしい量の濁流が押し寄せてくるのだった。

  c. 労働の給源地である田舎から都市へ吸収されるおびただしい人たちが、むざんな消耗にさらされ破壊されたあげく、ふたたび都市から田舎へと排泄されるか、もしくは残滓として都市の最下層に沈殿するか…

  d. おびただしい血が流れていたが、腱はつながったままだ。

  e. 父親の意見でこのロンドン行は思いとどまるが、何にせよこうした浪費だらけの生活を維持するためモーツ

ァルトはおびただしい作品を書かねばならなかった。

f. おびただしい粉塵が舞い上がっている。

g. 野上弥生子は、『真知子』、『迷路』、『秀吉と利休』などの長篇小説で名を知られている作家である。が、その文学者としての長い経歴の間に、おびただしい短篇小説も書いており、そのなかには秀作も少なくない。

（いずれも BCCWJ）

(35) a. それで見てみますと、一年間を通して見ますと、わずかな時間で実用上問題はないというふうなデータを得ております。

b. そして一息ついてから、ブラインドの羽と羽の間に指先を差し入れ、わずかな隙間を作って外の様子を窺った。

c. 逆コースで歩く場合は、高速道のアクセス道路から林道を北へ入るとすぐ、わずかなスペースがある。

d. 祖母山の山頂へは、露岩からわずかな距離で、時刻は 8 時前で登山口から 2 時間弱であっけなく山頂に着きました。

e. ホワイトの顔には、ごくわずかな変化しか見られなかった。

f. わずかな月の光が雲間からさして、ゆくての道を照らしていた。

g. 岸辺に描かれたわずかな数の人びとから、一日の活動が始まる早朝であることがわかります。

h. 千九百七十年に誕生したロックマンは、わずかな量しか製造しない、世界中で長く愛されているイタリアのブランド。

i. ブレードランナーが普通の人間とレプリカントとを見分けるには、特殊な機械を使って、感情の反応のわずかな違いを測定する。

（いずれも BCCWJ）

(36) a. 毎日膨大な量の電子メールを書くが、電話を 1 本かけるよりもずっと気が楽だ。

第 3 章 「多い／少ない」とその類義語類　69

b.　ところで、カメラ天国日本では、小型から大型まで<u>膨大な数</u>のカメラが市場に溢れています。

c.　しかし、遺伝子はこんなに小さな存在でありながら、実は生命のすべてを形づくるために<u>膨大な情報</u>を発信しつづけているのです。

d.　手で計算するとなれば、専門知識や<u>膨大な時間</u>がかかる処理である。

e.　その事実から逆算すると、宇宙は最初、<u>膨大なエネルギー</u>がギューギュー詰めになった小さな光の"粒"からスタートしたことになります。

f.　まだまだ、<u>膨大な資金</u>が必要である。（いずれも BCCWJ）

　　次に、「豊富だ、潤沢だ、稀少だ」が装定する場合、それらの語彙と共起する名詞を調べた。「豊富な＋N」は661例あり、用例を被修飾名詞によって分類し、用例数の多い順に以下の表6で示している。「潤沢な＋N」は32例あり、用例を被修飾名詞によって分類し、用例数の多い順に以下の表7で示している。「稀少な＋N」は59例ある。それらの例で現れる被修飾名詞はさまざまで、「稀少な」が特定の名詞とよく共起するという偏りは観察されなかった。具体的には、被修飾名詞が、「資源」である例は4（経営資源1）例あり、「植物」である例は2例ある。他に「宝物、野生生物、シリーズ、車両、事例、病気、作品」などがある。

表6：「豊富だ」の連体修飾形に後接する名詞

経験	資源	知識	情報	資金	量	水	労働力	品揃え	内容	その他
59	53	36	25	24	22	20	18	13	12	379

表7：「潤沢だ」の連体修飾形に後接する名詞

資金	予算	年金	キャッシュ	小遣い	財政的援助	貨幣供給	水	石油	余暇	物資	体液	ナイルの流れ
17	3	2	1	1	1	1	1	1	1	1	1	1

　　まず、被修飾名詞を観察する。「豊富だ、潤沢だ」はそれぞれそ

れらとよく共起する名詞がある。「豊富だ」の場合は「経験、知識」であり、「潤沢だ」の場合は「資金、予算、年金」である。(37)で「稀少だ、豊富だ、潤沢だ」が裝定する例を挙げている。それらの例では、形容詞は限定する機能が働くと考えにくい。そもそも、「経験、知識、資金、予算、年金」といった名詞は前述のように、さらに分類されることは考えにくい。

(37) a. この世に一つしかないサインボールだ。通い詰めたファンは、一人一つずつ、この稀少な宝物を持っているのだという。

   b. 豊富な経験と知識を生かし、人権相談や地域における人権啓発活動など多方面で人権擁護に尽力しています。

   c. ほんの十数年前まで、世界の銀行上位二十位に邦銀が十四行もランクインし、潤沢な資金を持つ日本の生命保険会社が「ザ・セイホ」と恐れられ、世界の金融市場から畏敬の念をもって迎えられていたのがウソのようです。
   （いずれも BCCWJ）

　一方、「豊富だ」は「資源」と共起する例が多いが、「資源」にはさまざまな種類の資源があると考えられる。「豊富な資源」のいくつかの例を (38) で挙げている。また、「{多い／少ない} 資源」という例が仁田 (1980) によって提示されているが、(37) と (38) における下線部の解釈は異なる。(38) における「豊富な」を削除しても、文の解釈に大きな支障をきたさないが、(38) における「多い」を削除すると文の意味が成り立たなくなる。また、(38) における「豊富」は「多い」に置換されない。(39) が成り立つ理由と、その場合の「多い」の機能については、第4章で説明する。

(38) a. 戦後は「豊富な資源をたくさん使うことが格好よい」という大量消費思想が普及し、それを可能にする大量生産、大量流通が「正義」と考えられた時代であった。

第3章　「多い／少ない」とその類義語類　71

b. こうして、十九世紀末にはアメリカが世界第一の工業
国となり、同時に、広大な面積と豊富な資源をあわせ
もつ大国となっていた。

c. 今、中央アフリカ共和国の人々は、金やダイヤモンド、
ウランといった豊富な資源があるにも関わらず、治安
や医療など、あらゆる生活レベルが、世界最低レベル
となっている。 　　　　　　　　　　（いずれも BCCWJ）

(39) a. 多い資源だからといって無駄に使ってはいけない。

（まえがき（3a）の再掲）

b. 少ない資源を大切にしよう。　　（まえがき（3b）の再掲）

　さらに、類義語類は以下のような被修飾名詞が数量の決まったも
のや、「石油」のような具体的な一種のものである文に現れる。そ
れらの例では、被修飾名詞はさらに数量的な側面でさらに限定する
ことができないと考えられる。

(40) a. このわずかな二日間、天皇は輾転反側する想いで悩ん
だと思われる。

b. ファイルが膨大な十枚を超えるシート、何万セルとい
う膨大なエクセルブックになっています。

c. 豊富な石油資源を持つアブダビは、UAE 予算の約 8 割
を負担している。

d. こういう年金を、非常に若年の高い年金保険料負担で
やっていくという形ではなくて、こういう潤沢な年金
を供給していますと結局働かずに済むという側面も出
てまいってしまいますので…

e. しかし、バイクが総じて乗りやすい方向へと進みつつ
ある現在、七百四十九は高性能でありながら乗りこな
す楽しみが造り込まれた稀少な一台。（いずれも BCCWJ）

　また、「少ない」の連体形で文頭から始まる例を調べ、後接する
名詞を観察すると、「多い」とは大きく異なる特徴が見られる。「少

ない」が装定する例の中、（41）のような「多い」と同じ用法の例
もあるが、（42）のような、単独で名詞を修飾していると考えられ
る用法がほとんどである。それらの例において、修飾される名詞は
幾つかの名詞に集中しておらず、さまざまな名詞が観察される。例
えば、「数、量、時、材料、客、エネルギー、予算、年金、人材、
花、メモリ、スペース、情報、力、例」などである。

(41) a.　これなら何歳になってもできるから、還暦を迎えたと
　　　　きも変わらずにやれるだろう、という考えからだった。
　　　　私はこの二時間を目一杯、動くことを心がけている。
　　　　<u>少ない日</u>で六千歩、多いと八千歩くらい、動くからか
　　　　なりの運動量と言えよう。
　　 b.　毎年どのぐらいJIS規格の認定をしているかという数を
　　　　見ても、多いときで一年で十八か二十しかやっていな
　　　　い。<u>少ないとき</u>は非常に少ないですよ、年間。

（いずれもBCCWJ）

(42) a.　<u>少ない回数</u>で当たった人が勝ちです。
　　 b.　<u>少ない量</u>でカロリーを摂取できる脂肪が取れなくなる
　　　　とどうしても炭水化物に頼ってしまう。
　　 c.　<u>少ない時間</u>で瞬く間に美味しい料理を作る。
　　 d.　<u>少ない部品</u>であるから、大切に扱うべきである。
　　 e.　<u>少ないセリフ</u>で心情を表現する難役はやりがいがあっ
　　　　た。
　　 f.　<u>少ない収入</u>でも支出も少ないので、コツコツ働けば働
　　　　いた分だけ手元に残る。　　　　　　（いずれもBCCWJ）

「少ない」は「多い」より装定する例が多いが、装定用法に使用
制限がないわけではなく、基本的に「多い」と同様の使用制限があ
ると考えられる。例えば、（42c）のような「少ない」が「時間」
を修飾する例があるが、下記の（43）*17 では、「少ない」は「時
間」と共起できない。このことから、「少ない」が装定できる308
例は何らかの特定の条件を満たしていると考えられるのか。このよ

第3章　「多い／少ない」とその類義語類　　73

うな「多い」と「少ない」の非対称については、第5章の5節で議論する。

(43) a. いま死ぬのは無念残念だ。せめてもう半年の生命をもらえたら、未解決の研究の一部が完成するのに。{* 少ない／少しの} 時間でいいから、なんとか研究室に戻りたい。

b. {* 少ない／少しの} 時間で一体相手の方に何が起こったのでしょうか？知っている方教えて下さい。

c. {* 少ない／少しの} 時間でも、こんろを離れるときは必ず火を消す習慣をつけてください。

d. いい笑顔が自然に出るようにまずは顔の筋肉トレーニングを。{* 少ない／少しの} 時間さえあればできる簡単なトレーニング、ぜひ今日からの日課にしてください。

e. この遊具は、テレビが放送される前にも、0歳児の遊具として利用されました。当時のものは、ゼンマイ仕掛けだったのです。{* 少ない／少しの} 時間で止まってしまいます。止まってしまいますと泣きだす。

f. 窓から外を見ていましたが畑仕事をしている人がいたので鳥たちは警戒しているみたいです。花を撮っているとチョットだけ二羽のムクドリが飛んで来ました。{* 少ない／少しの} 時間餌を探して飛んで行きました。

(いずれも BCCWJ)

　この節では、「多い／少ない」とその類義語類を中国語の性質形容詞と状態形容詞を対照し、述定と装定の両方から、両者の統語的な振る舞いの違いを見てきた。たしかに、「多い／少ない」は中国語の性質形容詞と類似し、述定の場合は、単独で主題に対して叙述することができず、主題を対比する文脈で現れる。

　「多い／少ない」の類義語類は単独で述語として使われ、主題を対比させているという解釈は生じない。装定の位置に現れる場合、

74

ガ格を補って被修飾名詞を限定する用例はほとんどなく、単独で名詞を修飾する例がほとんどである。その場合、被修飾名詞を分類しているという解釈がない点で、非限定的な機能が働いているといえる。

4. 本章のまとめ

「多い／少ない」が装定しにくいのに対して、その類義語類は装定が可能であるという問題について、本章では、両者の文中での機能が異なることに基づいて、それらの振る舞いの違いを説明した。

日本語に関する先行研究では、形容詞の装定用法は限定する機能しか持たないことが前提となっている。そして、限定する機能は2つの方法によって実現されるとされる。1つは、属性を取り上げて部分集合が切り出す方法（荒1989、大島2010）、もう1つは、そのものが所属する類の一般的な基準、あるいは物事の一般的な基準と比較する方法である（寺村1991）。しかし、数量を表す形容詞の場合、属性を表すことができず、一般的な数量という基準もないため、数量を表す形容詞の限定する機能が働かないため、装定できないとされている。

一方、中国語の形容詞の機能に関する先行研究では、形容詞が表す概念が有界か非有界かによって、その機能が異なることが指摘されている。形容詞が表す概念が有界である場合、非限定的機能が働くとされる。それは、中国語学において広く受け入れられている説である。

本章では、形容詞が表す概念の有界性は形容詞の段階性に反映されることを示し、それを踏まえ、日本語の「多い／少ない」は非有界であるのに対し、その類義語類は有界であることを論じた。

このことから、類義語類は非限定的機能を持つため被修飾名詞の属性を表さなくてもよいということが帰結する。また、類義語類のスケール構造によって、それらが比較を含意しないため、「範囲限定の品定め」という機能が働かないことも説明できる。一般的な数量という比較の基準が想定されなくても、それらの語彙の使用に支

障をきたさないのは、「おびただしい」「わずかだ」といった類義語類は非段階形容詞で有界であるため、被修飾名詞を限定する必要がなく、非限定的な機能が働くため装定できるためであると考えられる。

　本章では、コーパスのデータから「多い／少ない」が装定する場合、そのほとんどが「～が「多い／少ない」N」という形で、ガ格を補って名詞を修飾するという事実を観察したが、その理由については説明しなかった。次章では、その理由について「多い／少ない」の段階形容詞としての意味的な特質に基づいて説明を試みる。

---

*1　本章は、包（2021）の議論に大幅な加筆および修正を施したものである。

*2　「制限的」「非制限的」と呼ぶ研究もある。本研究では、統一的に「限定的」と「非限定的」と呼ぶことにする。

*3　Declerck（1979）によると、(ia, b) が示すように、名詞句の有界性はそれが指す個体が有限であるか無限であるかによって決まる。有限である場合は有界で、無限である場合は非有界である。また、修飾されていない裸名詞句は非有界である。また、動詞述語文の有界性は、それと共起する durational adverbials のタイプによって判断される。(iia) と (iib) がその例である。また、動詞述語文の有界性はその文が表す事態の内部が均質であるかどうかによって決まる。(iic)(iid) がその例である。

(i) a. John Kissed {two little girls.／…／a few girls.}　　　　　(bounded)
　　b. John Kissed {girls.／…／whichever pretty girl he met.}

　　　　　　　　　　　　　　　　　　　　　　　　　　　　(unbounded)
　　c. John was eating cheese.　　　　　　　　　　　　　　(unbounded)

　　　　　　　　　　　　　　　　　　　　　（いずれも Declerck 1979）
(ii) a. John was running for hours.　　　　　　　　　　　　(unbounded)
　　b. John ran a mile in an hour.　　　　　　　　　　　　　(bounded)
　　c. John drank whisky for hours.　　　　　　　　　　　　(unbounded)
　　d. ! John drank six glasses of whisky for hours.　　　　　(bounded)

　　　　　　　　　　　　　　　　　　　　　（いずれも Declerck 1979）

以上のように、共起する環境によって語彙が表す概念が有界か非有界が判断される場合がある。

*4　沈（1995）によると、モノは空間を占有し、空間における「有界」と「非有界」の区分を持つ。例えば、一台のテーブルは一定の空間を占め、さらに一定の境界を有する。それはひとつの「個体」であり、有界のモノである。有界名詞の形式で最も典型的なものは「数詞＋量詞＋名詞」である。それ以外に、固有名詞と指示詞を伴う名詞の多くも個体を指すので有界である。指示詞を伴

う名詞の一部は総称的でもあり、個体のモノを指さないので非有界となる。類名も個体のモノを指さないという点で非有界とされる。

＊5　金水（1986）は名詞の指示についての研究である。金水（1986）は名詞とは「集合」に付けられたラベルであるとする。「犬」を例に、「犬」は一匹一匹の犬を「要素」とする集合であり、集合の犬はさらに「ブルドッグ、シェパード、チワワ…」あるいは、「番犬、牧羊犬、盲導犬…」といった部分集合に分割されることを説明し、もうそれより下へは分割されないレベルを個体レベルと呼ぶことにすると述べている。したがって、名詞句は集合レベルのものと個体レベルのものを表すことができる。ここで述べている「具体的な個体」は金水（1986）の言う個体レベルのものを指すと考えられる。

＊6　石（2000）は古代漢語と現代中国語の違いの一つとして、述語の構造を挙げている。古代漢語の場合、動詞と形容詞は単独で述定の位置に現れるのに対して、現代中国語の場合、述語を有界化する必要がある。有界化は、動詞あるいは形容詞を数量詞、時間、前置詞句、結果補語、程度副詞などと結合させることによって実現される。

＊7　状態形容詞は「雪白的紙」のように一見類名を修飾することができるが、その機能は物事の状態や様相の描写であり、状態形容詞に修飾される類名は、目の前にある物や特定のものとして解釈される。このことは、沈（1995）が指摘する状態形容詞述語の場合と同様である。沈（1995）によると、性質形容詞「薄（薄い）」が述語の時は、「紙」は類名の非有界名詞として理解できる。一方、状態形容詞の「薄薄的（薄い）」が述語である時は、主名詞の「紙」は特定の一枚の紙のことを指す有界名詞として理解しなければならないとされる。

＊8　構文のcoercionのために、段階性を持つ構造に非段階的な要素が入ることができる例外的な場合もあるが、その場合、非段階的な要素は段階的であると解釈され直すことになる。例えば、「这种做法非常日本（このやり方はすごく日本的である）」という文において、程度を表す「非常」が「日本」と共起している。この場合、元々非段階的な構造を示す「日本」は、「日本らしい」という段階的な意味になっている。加藤（2009）も程度副詞との共起状況を名詞の段階性を判断する際の基準としている。加藤（2009）は（i）のような例を挙げ、名詞にも段階的な名詞と非段階的な名詞が見られると指摘している。

　（i）a.　かなり美男子
　　　b. *かなり大学生

＊9　例（14）は張（1996）と張（2000）の本文からまとめたものである。

＊10　張（1996）と張（2000）はこの低度を表す程度副詞から高度を表す程度副詞の修飾を受けるかどうかを形容詞が非有界であるか有界であると判断する基準としている。本研究は、それだけではなく、それらが段階形容詞としてのスケールの構造が形容詞の有界性を反映すると考える。

＊11　程度副詞の性質が複雑で、有界の概念を表す段階形容詞のすべてが「少し、やや」と共起できないとは限らない。「潤沢だ」は「やや」と共起できる。

＊12　中国語の形容詞の有界性を考える研究は程度副詞との共起の可能性を見ている。しかし、程度副詞との共起可能性からは形容詞の段階性しか判断されない。ただし、段階形容詞にはさまざまなものが含まれ、均質なカテゴリーではないと思われる。従来の研究では、形容詞のスケール構造によって、段階形

容詞がさらに下位分類される可能性があることが考慮されていない。この問題については、本研究の考察対象ではないため、今後の課題としたい。本研究では、形容詞のスケール構造を基準に、形容詞の有界性を考える。例えば、「丰富（豊富だ）」という語彙は程度副詞と共起でき、中国語の形容詞の分類基準では、非有界の性質形容詞だと分類されているが、実際にはそれは「多（多い）」と異なり、「中国有丰富的煤炭資源（中国に豊富な石炭資源がある）」のように単独で装定が可能である。したがって、「丰富」はそのスケール構造において有界であると考えられるべきであると考える。

＊13 （32a）はBCCWJで検索した文に基づく作成したものである。1文目は作例である。

＊14 「〜が多いN」のような例を排除するために、形容詞が文頭から始まるという検索条件を設定した。語彙素を「多い（連体形）」で、後共起を「名詞」で検索したところ、7,425例があり、ほとんどが「〜 ｛が／の｝多いN」の「〜 ｛が／の｝」が省略された用法であった。「少ない」の用例を検索する場合も同じ理由で、文頭から始まるという検索条件を設定した。語彙素を「少ない（連体形）」で、後共起を「名詞」で検索したところ、3,808例があり、ほとんどが「〜 ｛が／の｝少ないN」の「〜 ｛が／の｝」が省略された用法であった。

＊15 被修飾名詞が「数」である例の中に、被修飾名詞が「人数」である4例が含まれている。

＊16 （34a）のような「おびただしい数の星」の例もあれば、「数」が現れていない「おびただしい作品」のような例もある。両者の違いについては今後の課題としたい。

＊17 （43）の各例はBCCWJから抽出した「少しの」が装定する例で、「少ない」と置換できないと母語話者によって判断される例である。

第4章

「多い／少ない」と他の段階形容詞

　第3章では、「多い／少ない」は段階形容詞であり、「おびただしい、わずかだ、膨大だ」が非段階形容詞であり、「豊富だ、潤沢だ、稀少だ」が fully gradable の段階形容詞ではないことに基づいて、「多い／少ない」とその類義語類の機能が異なることを説明した。本章でも、「多い／少ない」の段階形容詞としての性質に注目し、「多い／少ない」が段階形容詞として、「高い、長い、深い、広い、大きい」のような段階形容詞といくつかの類似点を持つことに基づいて、「多い／少ない」の使用制限の理由を分析する。

　段階形容詞の性質として、「多い／少ない」と「高い」などは程度副詞と共起し、比較を表している。比較を表すことは、段階形容詞として「多い／少ない」も「高い」などと同様に意味が漠然としており、比較基準を必要とするということである。また、段階形容詞として、名詞を修飾する場合、直接被修飾名詞の性質を表さないことを示し、その修飾のあり方が「多い／少ない」の使用制限に関係することを主張する。

　そこで、本章*1 では、段階形容詞の特徴と意味、すなわち「多い／少ない」が段階形容詞であることは何を意味するかを議論する。そして、日本語の段階形容詞と英語の段階形容詞の違いにも触れて、日本語の段階形容詞の特徴を正確に描写するために、「次元」と「次元が成り立つ領域」という2つの概念を区別することを議論する。

1.「多い／少ない」を段階形容詞として分析する基盤

　従来の研究では、数量を表す形容詞と他の形容詞の違いに基づいて分析が行われてきた。数量を表す形容詞と他の形容詞の違いとし

79

て、属性を表せるか否か、存在構文での生起の可否などが挙げられている。本研究は、数量を表す形容詞と「高い、長い、深い、広い、大きい」などの形容詞の類似点を重要視する。なぜそのように考えられるかというと、「多い／少ない」と「高い」のような形容詞は共通点を持っているからである。

まず、前章でも検証したように、「多い／少ない」は「高い、長い、深い、広い、大きい」などと同じように、程度副詞の修飾を受け、比較構文にも現れる。それは、「多い、少ない、高い、長い、深い、広い、大きい」などが同じ段階形容詞であり、それらが以下の意味的な特徴を共有するためである。

Kenny（1999a）は「The Mars Pathfinder mission is expensive」という文を挙げて、この文が真であると判断されやすいのは、火星に宇宙船を送るコストは大部分のもののコストよりは遥かに高いと思われるからだと述べている。一方、もし惑星間の探査ミッションについて述べる文脈であれば、上述の文が偽であると判断される。それは、他の宇宙探査プロジェクトよりコストが比較的低いからである。すなわち、段階形容詞の一つの重要な特徴は意味が漠然的である点にある。「多い」と「少ない」は、「高い」と「低い」、「長い」と「短い」、「大きい」と「小さい」、「広い」と「狭い」などと同じく相対的な概念で、比較対象の変化によって、同じ対象であっても修飾する際に用いられる語が変わる。したがって、比較基準がないと、どちらであるのかが決まらない。

「多い／少ない」は比較を表す点で他の形容詞と異なると従来指摘されているものの、このような観点に立てば、「高い」のような形容詞も「多い／少ない」と同じく比較を表すということになる。

次節では、まず段階形容詞の意味を詳しく紹介し、「多い／少ない」が段階形容詞として、他の段階形容詞と同じ、測量関数（measure function）であることを示す。それに基づき、「多い／少ない」の本質と、それらが他の段階形容詞とは異なる使用制限を持つ理由を明らかにする。

2. 段階形容詞の意味

　段階形容詞の意味について、形式意味論においては、表1にまとめられるように主に2つの立場の研究があるが、第3章で議論したように、段階形容詞と非段階形容詞の機能が異なり、かつその違いが両者の統語表現に反映される。本研究はVague Predicate Analysisの立場ではなく、Scalar Analysisの立場に立ち、「多い／少ない」の使用制限がある理由を明らかにする。

表1：段階形容詞の意味分析の2つの立場＊2

	主張	代表的な研究
Vague Predicate Analysis	gradable adjectives are of the same semantic type as non-gradable adjectives: they denote functions from objects to truth values.	Klein(1980, 1982, 1991)
Scalar Analysis	gradable adjectives denote relations between degrees and individuals （type<d,<e, t>>）; gradable adjectives represent a measure function that map their arguments onto degrees(type<e, d>).	Cresswell(1976); Kennedy(1999a, b); Kennedy(2007); Kennedy & McNally(2005)

　まず、Scalar Analysisの立場の主張について詳しく説明する。Cresswell (1976) は比較を行う場合、私たちはあるスケール (scale) にあるいくつかのポイントを想定するという。それに基づいて、Cresswell （1976） は段階形容詞がobjectsとスケールにあるポイントの間のマッピングを定義する意味関数であると分析し、「tall」を例にそれが （1） のような意味であると考える。簡単に言えば、「Bill is a tall man.」は「Bill is a taller than the average man.」の意味になる。それを図示すると （2） のようになると考えられる。Billの身長が180cmであるとし、この180cmをheightという次元に応じて順序づけられた度合いの集合のスケールにマッピングし、180cmが比較基準の度合いより大きければ、文が真である。

（1）　$[\![tall]\!] = \lambda d\lambda x[x \text{ is d-tall}]$　　　　　　　　　（Cresswell 1976）

（2）　a.　Bill is a tall man.

b.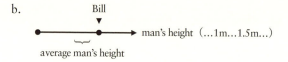

Kennedy & McNally（2005）は段階形容詞の意味について、さらに以下のような概略的な説明を与えている。

> gradable adjectives map their arguments onto abstract representations of measurement, or DEGREES, which are formalized as points or intervals partially ordered along some DIMENSION（e.g. height, cost, weight...）. The set of ordered degrees corresponds to a SCALE.
>
> （Kennedy & McNally 2005: 349–350）

上述の段階形容詞の意味に基づき、段階形容詞述語文の意味について、Kennedy（1999a）は以下のようにまとめている。

> A sentence of the form '*x is φ*' is taken to mean that the degree to which *x* is *φ* is at least as great as some other degree d_s on the scale associated with *φ* that identifies a *standard* for *φ*.
>
> （Kennedy 1999a: 2）

(3) で例を挙げて示す。(3a) のような段階形容詞述語文の論理表現は (3b) であり、その真理条件は (3c) のように示される。$δ_φ$ は object を φ と関係するスケールにマッピングする関数を表す。*x* が φ と関係するスケールにある投射（the degree to which *x* is *φ*）が *d* と同じ大きさであるか、それよりも大きい場合に限って、「*x is φ*」が真である。したがって、(3d) の文では、その真理条件は (3f) で、その比較基準の「$d_{s(long)}$」は文脈の中で提供されるとしている。

(3) a.　*x is φ*

　　b.　*φ* (*x*, *d*)

c.　$\| \varphi(x, d) \| = 1$ iff $\delta_\varphi(x) \geq d$

d.　*The Brothers Karamazov* is long.

e.　$long(BK, d_{s(long)})$

f.　$\delta_{long}(BK) \geq d_{s(long)}$　　　　（いずれも Kennedy 1999a）

　以上のことは次のようにまとめられる。Kennedy（1999a, b）、Kennedy & McNally（2005）などによると、段階形容詞は、個体ないし個体の集合を、形容詞の指定する次元（dimension）を持ったスケール（scale）上の度合い（degree）に写像する測量関数（measure function）である。「height, length, speed, density, beauty」といった形容詞自体が表す段階性のある性質が段階形容詞の次元である。その次元に沿って、直線的に順序づけられた度合いがスケールを形成する。

　上述の段階形容詞の意味に基づき、「多い／少ない」の段階形容詞としての意味を他の段階形容詞と対照しながら説明する。

2.1　日本語の段階形容詞と「次元が成り立つ領域」という概念

　日本語の段階形容詞の意味については、小川他（2020）はKennedy & McNally（2005）と同じ立場をとっているといえる。Kennedy & McNally（2005）によると、形容詞のスケールには3つのパラメーターがある。それは度合いの集合（set of degrees）、次元（dimension）、順序関係（ordering relation）である。それに対応して、あるスケールを他のスケールと区別するには、3つの観点からの方法があると Kennedy & McNally（2005）は述べている。それは度合いの集合が表している測量値（measurement values）の特性の観点、次元パラメーター（dimensional parameter）の観点、順序関係の観点からの方法である。次元パラメーターの観点から区別されている例として、tall と flexible が挙げられている。tall の次元は高さ（height）で、flexible の次元は柔軟性（flexibility）である。

　小川他（2020）は日本語の段階形容詞はガ格によって次元を指

定するという特徴を持つとし、（4）の各表現のガ格名詞句はその
次元を表すと説明している。

（4）高さが高い／背が高い／年齢が高い／値段が高い／価値が
　　　高い／人気が高い／音が高い／気温が高い／湿度が高い…

（いずれも小川他 2020）

　次元については、Kennedy（1999a）は「height, length, speed,
density, beauty」といった形容詞自体が表す段階性のある性質が段
階形容詞の次元であると述べている。

A dimension corresponds to a gradable property such as height,
length, speed, density, beauty, etc., and provides a means of
differentiating one scale from another.　　　（Kennedy1999a: 43）

　一方、Kennedy（2001）および Kennedy & McNally（2005）は、
（5）のような文が容認されるのは、比較される段階形容詞の tall と
wide と long と old が同じ次元（抽象的な linear extent という次元）
を持つからだと説明している。前の記述と合わせると、「height、
length、width」も次元で、抽象的な linear extent も次元というこ
とになる。すなわち、Kennedy（2001）や Kennedy & McNally
（2005）は次元には 2 つのレベルのものがあるとしていると言える。

（5）a.　The space telescope is longer than it is wide.（Kennedy 2001）
　　　b.　They call him 'The Bus' because he's kind of as underline{wide} as he
　　　　　is underline{tall}.　　　　　　　　　　　（Kennedy & McNally 2005）
　　　c.　[This comparison] is unfair both to him and the quarter-
　　　　　backs like Dan Marino and John Elway who excelled for
　　　　　almost as underline{long} as [Peyton] Manning is underline{old}.

（Kennedy & McNally 2005）

　本研究は、異なる段階形容詞で比較できるのは同じ次元を持つか

らだという Kennedy（2001）や Kennedy & McNally（2005）の考えを受け入れるが、次元が2つのレベルを持つという考えについては異なる仮定をとる。

　まず、日本語の段階形容詞と英語の段階形容詞は以下のいくつかの違いがある。小川他（2020）は日本語の段階形容詞は（4）のように「〜が〈段階形容詞〉」の構造で現れるが、英語では、（4）の各表現は（7a）のように英語ではそれぞれ異なる一語で表すことになるとしている。

　また、日本語の段階形容詞は（6）のような冗長表現ができ、二重主語構文 *3 に現れる。（7b, c）が示すように英語の段階形容詞は冗長表現が容認されないことを指摘している。

（6）a.　あの壁は、高さが高い。
　　　b.　あの壁は、高さが低い。　　　　　（いずれも小川他2020）
（7）a.　tall, old, expensive, valuable, popular, loud, warm, humid ...
　　　b.　* The wall, its height is high.
　　　c.　* The wall, its height is short.　　（いずれも小川他2020）

　さらに、Kennedy & McNally（2005）は、tall、wide、long が linear extent という次元を共有するために（5）のような文に現れると指摘しているが、（8）が示すように、日本語は英語と異なり、段階形容詞は（5）のような構文に現れない。

（8）a.　* このテーブルは高いより長い。
　　　b.　* このテーブルはあのテーブルが長いより高い。

　　　　　　　　　　　　　　　　　　　　　（いずれも作例）

　日本語の段階形容詞は（5）のような構文に現れないが、その一方で（9）（10）（11）のように段階形容詞がお互いに入れ換えられる場合がある。これらの例で「大きい、高い、多い」が互換される理由を、（5）のような例が容認される理由がそれらが同じ次元を

第4章　「多い／少ない」と他の段階形容詞　　85

共有すると解釈されているのと同じように考えると、他の段階形容詞が現れてもよいはずだが、実際には「人気が長い」のような表現は容認されない。そこで、「大きい、高い、多い」が互換されるのは、それらの形容詞に何らかの類似した特徴があると考えるのが妥当である。

(9) a. 特に五感に関する利用価値が大きい。

b. 財産的な価値が大きい電子情報自体を盗んだだけで、窃盗罪に該当せず…

c. …むしろ溶剤などを使わない無公害プロセスとしての価値が大きい。

d. …原材料から作った場合との割合が少ないほど、再生利用の価値が高い。

e. 夢は、夢に向かって進むこと自体が価値が高い。

(いずれも BCCWJ)

(10) a. 湿気が高いと、室内でも熱中症は起こるんだよね。

b. 沖縄は湿気が多いですから、毎日戸を開け閉めして、常に風通しをよくしてやる必要があります。

(いずれも BCCWJ)

(11) a. 栗駒山の北麓に建つ公共の温泉宿。山小屋風のおしゃれな造りで、若い女性に人気が高い。

b. 最近は安い料金プランと定額制を組み合わせられるので学生の間でも au の WIN の人気が大きくなっていますね。

c. TV で働きずめのみのもんた氏があんなにおおくの番組に出ることが OK なのは、人気が多いからですか？

(いずれも BCCWJ)

以上をまとめると、もしガ格が次元を指定すると考えると、「高い／広い」という同じ形容詞が用法ごとに異なる次元を持つことになるが、そうなると「高い／広い」のすべての用法において何が共通しているかが問題となる。また、異なる段階形容詞が互換される

場合とされない場合があるため、もしガ格が次元を指定すると考えるなら、形容詞自体が何を表すのかが問題となる。

　上述の2つの問題は、次元という一つの属性だけを設定しているために生じる問題である。前述のように、Kennedy（2001）やKennedy & McNally（2005）は、linear extent と height、length、speed のような異質な特徴を次元という一つの概念で捉えようとしている。しかし、両者は異なるレベルのものであり、実際、日本語では両者は異なる方法で表される。このことは、抽象的なレベル（linear extent など）とそれが成り立つ具体的なレベル（height、length、speed など）を区別する必要があることを示している。したがって、本研究が主張するように、次元という抽象的なレベルとそれが成り立つ領域という具体的なレベルの2つの段階を設定することが妥当であり、それによって日本語の段階形容詞の特徴をより適切に捉えることができる。

　そこで、本研究は、小川他（2020）と異なり、（12）の各文における下線部は形容詞が表す次元の成り立つ領域であると考える。「高い」の次元として、抽象概念として「高さ^d（d=dimension）」の存在を仮定する。

　（12）a.　富士山は高さが高い。　　　　　　　　　　　（作例）
　　　　b.　バスケットボール選手は背が高い。　　　　　（作例）
　　　　c.　この詩人は人気が高い。　　　　　　　　　　（作例）
　　　　d.　8月の夏の盛りとはいえ、やっぱり高原は気温が低い。
　　　　　　　　　　　　　　　　　　　　　　　　　　　（BCCWJ）

　実際、「背が高い、価値が高い、人気が高い、音が高い、湿度が高い」に対応する「背の高さが高い、価値の高さが高い、人気の高さが高い、音の高さが高い、湿度の高さが高い」といった表現があり得る。これらは、「高さ」は次元である「高さ^d」が具現化したものと考えることができ、それは「背、価値、人気、音、湿度」とは別の要素であると考えるのが妥当である。

　一方、「高さが高い」に対応し、「＊高さの高さが高い」という表

現がなく、「*富士山は高さ^{1}の高さ^{2}が高い」のような文は容認されない。しかし、「富士山は高さが高い」と「田中さんは背が高い」における「高さ」「背」のいずれも垂直方向の距離のことを表し、両者が同じレベルのものであると考えられる。したがって、ここでは、「富士山は高さが高い」における「高さ」は、「高さ^d」の具現化ではなく領域としての「高さ」であると考える。上述の内容は表2のようにまとめられる。

表2：「高い／低い」の次元と次元が成り立つ領域

富士山は	高さが	高い（次元＝高さ^d）
バスケットボール選手は	背が	高い（次元＝高さ^d）
この詩人は	人気が	高い（次元＝高さ^d）
高原は	気温が	低い（次元＝高さ^d）

　すなわち、段階形容詞それぞれは次元というスケールによって規定され、その次元が成り立つ領域はガ格によって指定されると考えるのである。

　小川他（2020）における次元を本研究が主張する次元が成り立つ領域に当たると考えると、小川他（2020）の分析は「多い／少ない」の性質に対する説明としても有益だと思われる。すなわち、「高い」のような段階形容詞は（12）のように次元が成り立つ領域を指定する必要があるが、「多い／少ない」も「高い」と同様に、ガ格によって次元が成り立つ領域を決める必要があると考えるのである。つまり、Kennedy（1999a）が段階形容詞が表す次元が1つのスケールを他のスケールと区別する機能を持つという指摘を行ったのと同様に、日本語の段階形容詞の場合は、段階形容詞が表す次元だけでは、1つのスケールを他のスケールと区別することができず、次元が成り立つ領域を必要とすると考えれば、「多い／少ない」の特徴は自然に説明される。

　例えば、（13a, c）は容認されないが、（13b, d）のように、ガ格によって次元が成り立つ領域を指定すると、文が容認される。

(13) a. ?? クジラは多い。　　　　　　　　（第2章（36b）の再掲）

　　b.　クジラは個体数が多い。　　　　　　　　（佐野 2016）

　　c. ?? 鶏肉は少ない。　　　　　　　　　　　　　　（作例）

　　d.　鶏肉は脂身が少ない。　　　　　　　　　　　（作例）

　前述のように、従来の研究でも、ガ格が共起すれば「多い／少な
い」の装定が可能になることはしばしば指摘されてきたが、その理
由については十分な説明がなされてこなかった。しかし、本研究で
主張するように、「多い／少ない」が段階形容詞として次元を表す
領域をガ格で指定しなければならないと考えれば、この特徴は自然
な帰結となる。

2.2 「高い」と「多い／少ない」

　ここで問題となるのは、では「高い」のような段階形容詞は、
「多い／少ない」と異なり、なぜ単独で使用することができるのか
ということである。

(14) a.　富士山は<u>高い</u>。　　　　　　　　　　　　　　（作例）

　　b.　<u>高い</u>山に登ると、平地では見られないチョウに出会う。

　　　　　　　　　　　　　　　　　　　　　　　　　（BCCWJ）

以下では、この問題について考察する。

　「高い」のような形容詞が単独で使われる場合、それは「高さが
高い」の省略であると小川他（2020）によって指摘されている。
小川他（2020）は日本語では「高さが高い」のような冗長表現が
できる理由について、統語的な解釈を与えている。「Xは〜が高い」
といった構文は、（15a）のように次元がReferential Phrase指定部
を占めるという基底構造をもつと解釈される。この基底構造がその
まま表層構造となれば（6）が得られ、Referential Phrase指定部が
Phonetic Formで削除されれば（15b）が得られる*4。

(15) a.　[$_{TP}$ X は…[$_{vP}$ [$_{RP}$ 高さが [$_{R'}$ R [$_{AP}$ 高い]] v(ϕ)] T(ϕ)]]

b.　$[_{TP}$ X は…$[_{vP}$ $[_{RP}$ 高さが $[_{R'}$ R $[_{AP}$ 高い $]]$ v$(\phi)]$ T$(\phi)]]$

（いずれも小川他 2020）

　つまり、「高い」が単独で使われる場合でも、次元が成り立つ領域の「高さ」が指定されており、（14）のような文における下線部については、「高さが高い」における「高さが」の部分がPFで削除されているとされるのである＊5。

　「高い」について「背が高い」における「背が」が削除されないのと同様に、「多い／少ない」について「クジラは個体数が多い」における「個体数が」は削除されないと考えることができる。

　では、「高い」では「高さが」の出現が随意的で、「多い／少ない」ではそうではないのはどうしてだろうか。「多い／少ない」が数量を表す以上、小川他（2020）の分析に従うと、「多い／少ない」が単独で使われる場合、仮に「数」あるいは「量」という要素がRP指定部を占めていれば、「高い」において「高さが」がPFで削除されるのと同様に、「数が」や「量が」が削除されてもよいはずである。しかし、実際には「数が」や「量が」が削除されると文は成立しなくなってしまう。さらに言えば、そもそも、（16）が示すように、「多い／少ない」の単独使用が容認されない場合、「数／量」をガ格で補っても、その文は容認されないままである。

(16)a.　＊{多い／少ない} 人が歩いてきた。

　　b.　＊数が {多い／少ない} 人が歩いてきた。

　　c.　＊クジラは {多い／少ない}。

　　d.　＊クジラは数が {多い／少ない}。

　　e.　＊タンクに多い水が溜まっている。／??タンクに少ない水しか溜まっていない。

　　f.　＊タンクに量が多い水が溜まっている。／＊タンクに量が少ない水しか溜まっていない。

（いずれも作例）

　一方、（17）のように、「数が {多い／少ない}」と「量が {多い／少ない}」が述定あるいは装定できる例もある。

(17) a. 教科書の例題は数が少ないので、それほど時間はかからない。 (BCCWJ)

b. 美通遺跡（都留）の出土品では、イノシシの装飾が施された縄文土器や、山梨では数が少ない弥生土器を展示。 (jaTenTen11＊6)

c. 会社でのおやつは量が多い。 (BCCWJ)

d. 見てのとおり、私の苦手な大葉が乗っかっていたので除けていたら、Ｙちゃんが「あたし、好き〜！」と全部引き取ってくれました。さんきゅう。なんだかとっても量が多いパスタでした。 (jaTenTen11)

　「高い」が単独で主名詞句を修飾できて、「多い／少ない」が単独で使用されにくいのは、「高い」が表す「高さ」と、「多い／少ない」が表す「数／量」の２つの違いによると考えられる。その違いについては、次節で、「高い、低い、長い」などと対照しながら、「多い／少ない」が段階形容詞としての意味を説明してから、「数／量」が「次元が成り立つ領域」になることが条件あることを示す。それに基づき、（16）と（17）の違いを説明する。

3. 「多い／少ない」の段階形容詞としての意味

　まず、（18）と（19）のように「多い／少ない」が「長い」と同じ文脈に現れる場合というミニマルペアの例で、「多い／少ない」の段階形容詞としての意味を考える。

(18) a. 田中さんが書いた論文は長い。

b. 田中さんが書いた論文は多い

c. 田中さんが書いた論文は少ない。 （いずれも作例）

(19) a. 田中さんが書いた論文は鈴木さんが書いた論文より長い。

b. 田中さんが書いた論文は鈴木さんが書いた論文より多い。

　　　　c. 田中さんが書いた論文は鈴木さんが書いた論文より少ない。
　　　　　　　　　　　　　　　　　　　　　　　　（いずれも作例）

　（18a）では、「長い」は「田中さんが書いた論文」を順序づけられた度合いの集合のスケールに写像する。その度合いは文字数やページ数からなる。例えば、田中さんが書いた論文が1.5万字で10ページである場合、$d_{田中さんが書いた論文（長さ）} \geq d_{s（長さ）}$ であれば、文が真になる。「この雑誌に掲載されている他の論文の平均の長さ、雑誌に投稿する論文の平均の長さ、田中さんが所属する専攻の学生が書いた論文の平均の長さ」などが比較基準の $d_{s（長さ）}$ にあたる。（20a）がその図である。（19a）のような文の場合は、「田中さんが書いた論文」と「鈴木さんが書いた論文」をそのスケールに写像すると、前者がより右側にある場合、文は真となる。（20b）がその図である。

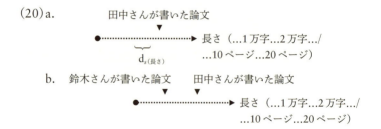

　一方、（18b）における「多い／少ない」は「田中さんが書いた論文」を順序づけられた度合いの集合のスケールに写像する。その度合いは「1, 2, 3, 4…」のような自然数であり、主語が論文であるため、それに応じて「1本、2本、3本、4本…」であると考えられる。（18b）の真理条件は何かというと、例えば、田中さんが5本の論文を書いたとすると、「多い／少ない」は測量関数であるため、「田中さんが書いた論文」を入力すると「5本」が返ってくる。その「5本」を比較基準の度合いと比較し、$d_{田中さんが書いた論文（数）} \geq d_{s（数）}$ であれば、（18b）が真であり、$d_{田中さんが書いた論文（数）} \leq d_{s（数）}$ であれば、（16c）が真である。比較基準は文脈によって提供されるが、可能

性としては「この雑誌に掲載される他の人が書いた論文の本数、田中さんが所属する専攻の学生が書いた論文の平均の本数」などであると考えられる。

　段階形容詞が比較構文に現れる場合は、「田中さんが書いた論文」と「鈴木さんが書いた論文」が同じスケールに写像される。(21c)のように、「田中さんが書いた論文」が「鈴木さんが書いた論文」より右側であれば、(19b)が真である。「田中さんが書いた論文」が「鈴木さんが書いた論文」より左側であれば(19c)が真である。

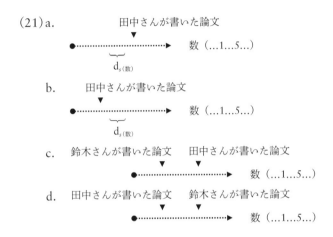

　(21)のように、「田中さんが書いた論文」を入力すると、「5本」のような度合いが返ってくることは何を意味するかというと、(20)との比較から分かるように、「田中さんが書いた論文が長い」における「田中さんが書いた論文」は特定一本の論文を指すのに対し、「田中さんが書いた論文が{多い／少ない}」における「田中さんが書いた論文」が「論文A、論文B、論文C、論文D、論文E」という5本の論文を持つ集合を表すことである。

　つまり、Aを入力し、ある数が返されること自体が、Aが集合を表すことを意味する。ここで注意すべきことは、Aが集合であることはAが複数の個体を表すことと同義ではないことである。集合の要素が1つしかない場合でもAは集合であり得る*7。田中さんが1本の論文を書いたという場合でも、田中さんが書いた論文が多い

か、少ないと言うことは可能である。また、田中さんが書いた論文が 0 である場合、鈴木さんが書いた論文の数と比較して少ないと言えるため、比較構文においては集合要素が 0 であることが許されると考える。

　また、(18b, c) は (22) のように表現できるが、(22) における「数」は前節で述べた段階形容詞の次元が成り立つ領域であると考える。その理由については、次節で詳しく説明する。

　(22) a.　田中さんが書いた論文は（数が）多い

　　　 b.　田中さんが書いた論文は（数が）少ない。

（いずれも作例）

　次に、「多い／少ない」の次元が成り立つ領域が「量」である場合はどのような場合かを見る。(23a) のような主語が不可算名詞だと思われるものの場合は、(24) のように度合いは量を表すものであると思われる。しかし、「ご飯／ラーメン」を「1 杯、2 杯、3 杯…」のように数えられている状況も考えられる。その場合は次元が成り立つ領域は「数」である。したがって、主語の性質に応じて、スケールも順序づけられた自然数の集合である場合と、「…100g…200g…」のような連続した数値の度合いである場合がある。

　(23) a.　田中さんが食べたご飯は ｛多い／少ない｝。

　　　 b.　田中さんが食べたラーメンは ｛多い／少ない｝。

（いずれも作例）

(24) a.

田中さんが食べたご飯／ラーメン

$$d_{s(量)} \quad\longrightarrow\quad 量\;(...100...200...)$$

b.　　田中さんが食べたご飯

$$d_{s(量)} \quad\longrightarrow\quad 数\;(...100...200...)$$

また、次元が成り立つ領域が「量」の場合は「集合の要素の数」

94

のようなものがないため、前述の「田中さんが書いた論文」が集合と解釈される場合とは異なると思われるかもしれない。たしかに、(25)における「このラーメン」「この弁当」は集合であるとは解釈されない。

(25)a.　このラーメンは（量が）<u>多い</u>。
　　　b.　この弁当は（量が）<u>多い</u>。　　　　　　　（いずれも作例）

ここでは、主語が表すものの内部の要素が離散的に解釈されれば「集合の要素の数」となり、連続的であると解釈されれば「量」となるという区別があるだけで、本質的な違いはないと考える。「集合の要素の数」がその集合の1つの側面であることと、「量」が「このラーメン」、「この弁当」の1つの側面であることは本質的に異なるものではない。「数」と「量」のこのような連続性は認めつつも、4節では、「このラーメン」「この弁当」のような単一と解釈されるものについては、「数が {多い／少ない}」と「量が {多い／少ない}」による叙述、あるいは修飾を受けられる名詞の制約が異なるという現象を挙げ、そのあり方について説明する。

　まとめると、本節では段階形容詞としてどのような意味的特徴を持つかを説明した。それは以下の2点にまとめられる。

(26)①　「多い／少ない」が表すスケールは「0…1…2…」のような順序づけられた有理数によって構成されている。主語の性質により、それが連続しない「0, 1, 2…」のような整数であるのか、連続する数であるのかが決まる。これは主語が可算であるものか、不可算のものかの区別による。さらに、主語の性質により、例えば、論文であれば「0本、1本、2本…」であり、ラーメンであれば「0杯、1杯、2杯…」であるといった形で決められる。
　　　②　「多い／少ない」は測量関数であり、項（argument）が入力されたら、度合い（数）が返される。このこと

第4章　「多い／少ない」と他の段階形容詞　　95

自体が、その項自体が構成要素を持つ集合、あるいは
「量」という側面を持つものであることを意味する。

　以上では、「多い／少ない」の段階形容詞としての意味を説明し
た。また、それらが数量を表すことで、他の段階形容詞とどのよう
な違いが生じるかを説明した。「多い／少ない」が表す「数／量」
は、表3のように、「高さ」と同様に、次元が成り立つ領域である
と考える。なぜ表3のように考えられるのかについては第5章で述
べる。次節では、まず次元が成り立つ領域の性質を議論し、「数／
量」が「次元が成り立つ領域」となる条件を議論し、それを踏まえ、
「多い／少ない」に使用制限がある理由を説明する。

表3：段階形容詞おける次元が成り立つ領域

富士山は	高さが	高い
田中さんが書いた論文は	数が	多い／少ない
この弁当は	量が	多い／少ない

4.「多い／少ない」が段階形容詞であることとその使用制限

　佐野（2016）は「クジラは大きい」が容認され、「?? クジラは多
い」がかなり不自然であると指摘している。また、「クジラは個体
数が多い」のようになると容認可能になるが、それは「多い」は単
独で主題に対して叙述することができず、「個体数が多い」のよう
に「一つの意味的なかたまりをなす」形容詞句をなし、主題に対し
て叙述する必要があるためと説明している。

　本節では、「多い／少ない」が段階形容詞として「次元が成り立
つ領域」を指定する必要があり、かつ「次元が成り立つ領域」にな
れるものには条件があることを論じる。「?? クジラは多い」は次元
が成り立つ領域が指定されていないために容認度が低いこと、また、
「?? クジラは数が多い」は「数」が「次元が成り立つ領域」である
と考えられにくいために容認度が低いこと、それらに対し「クジラ

は個体数が多い」は「次元が成り立つ領域」が指定されているために容認されることを論じる。

　まず、「高い」が単独で使われている場合は「高さが高い」という基底表示を持つという小川他（2020）の指摘を参考に、（27a）は（27b）における「大きさ」が何らかの形で表されていると考える。さらに、この場合、「大きさ」は前述のように「次元が成り立つ領域」を指定すると考える。もし、比較基準が動物の平均の動物の大きさであれば、さまざまな動物は大きさによって並べられ、クジラはそのスケールに位置付けられる。その場合、クジラは種としてのクジラを指すと考えられる。一方、（29a）は容認されず、（29b）のように「数が」を補っても容認度は上がらない。（29c）が容認されるのは、もしその場合の比較基準が動物の平均の個体数であれば、種としての動物は個体数の多寡によって順序づけることができる、例えばトラはクジラより左側の位置に位置付けられるといった状況が考えられるためである。その場合、「個体数」は次元が成り立つ領域で、（30）のようにスケールが構成され、クジラはそのスケールに位置付けられる。この場合も、「クジラ」は種としてのクジラのことを指す。

（27）a.　クジラは大きい。　　　　　　　　　（第2章（36a）の再掲）

　　　b.　クジラは（大きさが）大きい。　　　　　　　　　（作例）

（28）

大きさ（…100…200…）

$d_{s(大きさ)}$

（29）a. ?? クジラは多い。　　　　　　　　　（第2章（36b）の再掲）

　　　b. ?? クジラは数が多い。　　　　　　　（第2章（36b）に基づく）

　　　c.　クジラは個体数が {多い／少ない}。

　　　　　　　　　　　　　　　　　　　（佐野 2016 に基づく作例）

（30）

個体数（1…100…1000…）

$d_{s(個体数)}$

（29b）が容認されないのは、（29b）のような文脈では「数」が次元が成り立つ領域として解釈しにくいためだと考える。それに対して、（31）のような対比をなす文で「多い／少ない」が述語として使われるのは、このような文脈では「クジラ」が種としてのクジラと解釈されやすいためと考える。

（31）a.　クジラは多い、イルカは少ない。

　　　b.　クジラは数が多い、イルカは数が少ない。

　次に、「数／量」が「次元が成り立つ領域」として理解される場合、叙述される主語あるいは、被修飾名詞に対して制約があることを説明する。

4.1　「多い／少ない」の次元と次元が成り立つ領域

　まず、次元が成り立つ領域と主語ないし被修飾名詞が表すものの関係を考えると、（32）から分かるのは、下線部の名詞は、ハで標示された主語名詞（以降、「大主語」と呼ぶ）ないし被修飾名詞が指し示す事物の一側面の特徴であるということである。例えば、「高さ」は「富士山」の性質の一つであり、このことは「背」と「バスケットボール選手」、「人気」と「詩人」、「値段」と「そのコンピューター」、「気温」と「高原」についても同様である。一方、「多い／少ない」は数量を表し、数量がものの内在的に有する性質ではない（仁田 1980 を参照）。つまり「数／量」は「高さ、背、人気、値段」などと異なり、ものの一側面にならないという説明である。

（32）a.　富士山は<u>高さ</u>が高い。

　　　b.　バスケットボール選手は<u>背</u>が高い。

　　　c.　この詩人は<u>人気</u>が高い。

　　　d.　8 月の夏の盛りとはいえ、やっぱり高原は<u>気温</u>が低い。

（（12）の再掲）

実際、（33）及び本章の（16）に見られるようには他の段階形容詞と異なり「数／量」を明示しても容認されない場合が多い。

(33)a. ＊数が多い人が庭に集まっている。

　　　　　　　　　　　　　　　　（まえがき（2a）に基づく）

　　b. ＊きのう電車事故があって、数が少ない人がけがをしました。　　　　　　　　　　　　　　　（まえがき（2d）に基づく）

　　c. ??クジラは数が多い。　　　　　　　　　　　　　　（作例）

　　d. ??鶏肉は量が少ない。　　　　　　　　　　　　　　（作例）

　しかしながら、文脈によっては、「XはYが｛多い／少ない｝」と「Yが｛多い／少ない｝X」におけるYが「数／量」である文で容認される場合がある。以下で、そのような例を挙げる。それらの例が容認されるのは、「数／量」が大主語ないし被修飾名詞が表すものの一側面であるという解釈が可能であるためと思われる。

　下記の文におけると大主語の関係を考える。（34a）では、「団塊の世代」は1つの集合であり、その集合に属する人の数が他の世代に属する人の数と比べて多いという意味である。（34b）では人間が他の動物と並列に挙げられている。人間という種はそれに属する個体の数が多いという特徴を持っているという意味であると考えられる。（34c）も白い馬という種は個体の数が少ない種であるという意味である。（34d）は「〜で投げる」というタイプの投手は、それに属する個体の数が少ないタイプであるという意味である。

(34)a. 　団塊世代は数が多いので、政府も企業もその要求を無視できない。

　　b. 　人類が絶滅するときって他の動物よりも悲惨な物なんでしょうか？でしょうね。人間は数が多いし泣いたりわめいたりするので他の動物と比べると悲惨で見苦しいかも。

　　c. 　…白い馬は数が少なく見た目も美しいからだろう。

　　d. 　コンスタントに時速百五十キロ以上のスピードで投げ

る投手は数が少なく、球団にとっては貴重な存在です。

(いずれも BCCWJ)

　装定の場合も同様に考えることができる。(35a) では、総合問題という問題が複数あるのではなく、1つの総合問題の中に複数の問題があるという意味である。(35b) では、良性結節と悪性病変の結節の2つの集合があると考えられ、前者の集合の要素は後者よりはるかに数が多いという意味である。(35c) では、1人1人の看護師が複数いるという意味ではない。その病院の看護師全体を一つの集合として設定し、それに属する要素 (1人1人の看護師) の数が多いと述べているのである。(35d) では、カマイルカが1頭、2頭と複数いるという意味ではない。カマイルカという種を1つの集合として設定し、それに属する個体数が多いという意味である。(35e) では、編隊という集合において、それに属する個体 (戦闘機) の数の多寡を述べている。(35f) では、虫が1匹、2匹…といるのではなく、虫が種あるいは集合として解釈され、その種の個体数あるいはその集合の要素が複数あり、数が多いという意味である。(35g, h, i, j) の「少ない」が装定する場合も同様である。jaTenTen11 では、(35) のような、「数が多い」が装定する例が79例、「数が少ない」が装定する例が282例ある。

(35) a.　問題の種類や数が多い総合問題なので、読解力だけでなく、総合的な英語力が必要。

　　b.　しかし、はるかに数が多い良性の結節の中から、ほんのわずかの悪性病変をかぎ出すのは難しいことです。

　　c.　病院の職員で圧倒的に数が多い看護師の定員を増やすことは病院経営を容易に圧迫します。7：1のような制度がない限り、看護師の定員を増やしても病院経営から考えるとメリットはないので決して増員されません。

　　d.　鴨川シーワールドの「キララ」です。キララは、現在も、鴨川シーワールドで元気に飼われています。野生生物の生態を知るのは、難しいのですね。数が多いカ

マイルカでさえ、こんな状況です。

e. 二回目の攻撃で99艦爆や97艦攻の装備に時間がかかりすぎて日没になりそうな場合などは撃墜が少なくて数が多い編隊を減らしてもよい。

f. ああいう小さくて数が多い虫は大嫌いです。

g. イヌノフグリは決して数が少ない植物ではないのです。

h. また下肢静脈瘤レーザー治療をも開始して以来飛躍的に症例が増えており、日本では数が少ない米国最先端の医療機器による臨床成績を世界に向かって情報発信しております。

i. 多産だった1950–60年代生まれはもうすぐ定年だが、それを数が少ない1人っ子世代が支えねばならない。

j. 発病後長期間を経過した再生不良性貧血患者では、免疫抑制療法に対する反応性がきわめて悪いことが知られているが、これは発症後に受けた輸血によって、ただでさえ数が少ない造血幹細胞がフリーラジカルによって傷害を受けたことが影響している可能性がある。

(いずれも jaTenTen11)

　次に、Yに当たる名詞句が「量」である場合、と大主語ないし被修飾名詞が表すものの関係を見る。(36a, b) を例にとると、ラーメンが何杯か、弁当が何個あるかは問題にされておらず、ある1つしかないものについて、「量」という側面があり、その「量」という側面に注目すると、典型的な解釈として他のラーメン、弁当よりは多い方だという解釈が考えられる。つまり、「多い」は数量を表すが、それらの文では「多い」が「このラーメン」と「この弁当」そのものの数を表しておらず、それらの量的側面について叙述していると言える。(36c, d, e) も同様である。(36c) は量という側面からいうとイタリア料理は多い方だと述べているのであり、目の前にイタリア料理がたくさん並べられているといった意味ではない。(36d) は「量」と「機密性」が並列的に使われ、両者ともCADデータの1つの側面である。(36e) における「ごはん」は (33d) の

「鶏肉」と異なり、「その一杯のごはん／そのセットにあるごはん」といった意味で、1つの定まった指示対象を持つ。その指示対象は「量」という側面からいうと少ないという意味である。（36f）も同様である。

(36) a. このラーメンは量が多い。　　　　　　　　　　　((25a) の再掲)

　　 b. この弁当は量が多い。　　　　　　　　　　　　　((25b) の再掲)

　　 c. イタリア料理は、量が多いね。　　　　　　　　　　　(BCCWJ)

　　 d. このように CAD データは量が多く、かつ機密性も高いので、安全で広帯域の情報ネットワークが必要である。
　　　　　　　　　　　　　　　　　　　　　　　　　　　　　(BCCWJ)

　　 e. 千四百 kcal や千六百 kcal を選択する人が、せっかくのおいしいスープを残さなければならないのは、油が多く含まれているためです。ごはんは量が少ないので全部食べられます。　　　　　　　　　　　　　　　　　(BCCWJ)

　　 f. なんかも時々食べたくなるので、ホワイトソースを買ってきてちゃちゃっと作って食べますが、めちゃくちゃ大盛りにしてオーブンに入れます（笑）。どうも小さい頃から食べていたグラタンは量が少なくていつも「もっと食べたいのに〜」って思っていたような気がします。　　　　　　　　　　　　　　　　　　　　(BCCWJ)

　（37）のような装定用法の場合も、（36）の各例と同様に、X にあたるものそのものが複数あるという意味ではない。（37a）では、軟膏を何本かを出すという意味ではなく、1本でボリュームのあるというタイプの軟膏を出すという意味である。（37b）では、商品が何種類かあるいは何個かあるという意味ではなく、内容物の量が多いというタイプの商品のことを表す。（37c）でも、醤油ラーメンが何杯かあるのではなく、1杯のラーメンで量が多いというタイプの醤油ラーメンのことを表す。（37d）でも、「たくさんの物は…」という意味ではなく、量的に多いその種類の物という意味である。（37e）も同様に考えられる。（37f）はボリュームの少ないと

いう種類の駅弁を指す。（37g）における「肉」は具体的にどのくらいあるのかは分からないが、量的に決まっているものである。（37h）における「食事」はそれらの人に提供する種類の食事のことを指す。jaTenTen11 では、（37）のような、「量が多い」が装定する例が91例ある。「量が少ない」が装定する例が108例ある。

(37) a. 量が多い軟膏を出しますので、お尻も股にもたっぷりと付けて上げてください。

b. 安くて量が多い商品ほど好まれている。

c. あそこはシンプルな醤油ラーメンというか、量が多い醤油ラーメンだな。もし時間があるなら、神保町か関内の店で食べてみて。小滝橋通り店とは全然ちがうから。

d. 量が多い物は価値が下がり、少ない物は上がる。これは経済学の常識。

e. 量、品質の安定というのが市場、スーパーで取り扱うために必要。美味しいけど量が少ない野菜や魚は、悲しいかな市場に出せない。

f. 1000円近く取ってコンビニ弁当と同程度の内容だったり量が少ない駅弁は多数ある。

g. しかし、ただでさえ量が少ない肉を分け合うのはいいとして、トヴにも同じ量をというのは親心を考慮したとしてもやりすぎのような…。

h. …施設内にある意見箱に仮放免申請者の速やかな仮放免や強制退去命令を受け、帰国を承諾した人のための航空券手配、病院での適切な治療、冷えていて量が少ない食事の改善などを求めた文書を提出。

(いずれも jaTenTen11)

上述の（34）（35）（36）（37）における「多い／少ない」は、大主語ないし被修飾名詞が表すものそのものの数量を表していないため、大主語ないし被修飾名詞が表すものが複数あることを意味しな

い。被修飾名詞が1つの集合、1つの種類、1つしかない個体になっている。そのため、それらの例における「数／量」は主語ないし被修飾名詞の1つの側面であると考えられる。これは、本研究で述べる「次元が成り立つ領域」の特徴に合致している。すなわち、(34)(35)(36)(37)における主語あるいは被修飾名詞が、2.3節で提示した「田中さんが書いた論文」のようにスケールに写像される。

　ここで問題となるのは、「XはYが{多い／少ない}」という形の文において、Yに「数／量」以外のものが生起し、その場合には「XはYの{数／量}が{多い／少ない}」という形の文も成り立ちうるということである。「Xは{数／量}が{多い／少ない}」と「XはYの{数／量}が{多い／少ない}」という文を比較した場合、「数／量」は文中の異なる構造的位置に生起することになるが、ではいずれのタイプの文においても「数／量」は次元が成り立つ領域にあたるのか、という疑問が生じる。また、仮に後者のタイプの文において「数／量」が領域にあたるとすると、Yは何にあたるのかという更なる疑問も生じる。以下では、これらの2つのタイプの文に生起する「数／量」は異なる性質を持つことを示す。

　まず、下記の(38)(39)における「寺、人、山、子ども、子音、軟水、コレステロール、乳漿、脂肪、水分」も主語の1つの側面であり、(34)(35)における「数」と(36)(37)における「量」は、それらと同列のものと位置付けられ、同様に「多い／少ない」の「次元が成り立つ領域」である。「多い／少ない」が数量を表す形容詞で、次元が「数／量」であると考えられ、実際(38)(39)の各例は「XはYの{数／量}が{多い／少ない}」の意味であると解釈される。それを表4と表5にまとめている。

(38)a.　今でも京都は寺が多いが、百年前はもっとずっと多かったのである。

　　b.　東京は人が多いため、回りの人に対する関心が地方ほど高くない。

　　c.　東美濃は山が多い。

d. その人は子どもが多いからすでに二軒借りて住んでいるんです。

e. 日本語は子音が少ないよね。　　　（いずれも BCCWJ）

(39) a. 日本の水は軟水が多く、水に恵まれています。

b. 卵はコレステロールが多いから、食べないほうがよい？

c. ついでですが、一キロの澄ましバターをとるには、日本のバターは乳漿が多いので、三キロぐらいのバターがいります。

d. 一般に、カナダ料理は脂肪が多かったり、うま味調味料がたくさん使われていたりして、子どもが好むものです。

e. 一般に幼動物の肉は水分が多く、脂肪が少ない。

（いずれも BCCWJ）

表4：「X は Y の数が {多い／少ない}」

京都は	寺の	数が	多い
東京は	人の	数が	多い
東美濃は	山の	数が	多い
その人は	子どもの	数が	多い
日本語は	子音の	数が	少ない

表5：「X は Y の量が {多い／少ない}」

日本の水は	軟水の	量が	多い
卵は	コレステロールの	量が	多い
日本のバターは	乳漿の	量が	多い
カナダ料理は	脂肪の	量が	多い
幼動物は	水分の	量が	多い

　では、なぜ表4と表5における「数／量」と（34）（35）（36）（37）における「数／量」が異なると言えるのだろうか。以下では、（38）（39）における「寺、人、山、子ども、子音、軟水、コレス

第4章　「多い／少ない」と他の段階形容詞　　105

テロール、乳漿、脂肪、水分」と（34）（35）（36）（37）における「数／量」の類似性を述べ、それらを同じタイプの意味的要素、すなわち、次元が成り立つ領域であると考える理由を述べる。

　まず、前節の議論に基づけば、（34）（35）（36）（37）における「多い／少ない」は大主語ないし被修飾名詞が表す１つの集合、１つの種類、１つのものを「数／量」に沿って構成されるスケールに写像する。例えば、（40a）は「人間」という種を、順序づけられた数を表す度合いが構成するスケールに位置付ける。（41a）は「このラーメン」を順序づけられた量を表す度合いが構成するスケールに位置付ける。（40）（41）の場合「人が複数いる（人間の数が多い）」、「ラーメンが複数ある（ラーメンの量が多い）」という意味ではない。つまり、前節で述べたように、対象を「数／量」に沿って構成されるスケールに写像することは、その対象自体の多寡を表すことを意味しない。

　一方、（38）（39）では、「寺、人、山、子ども、子音」などが複数あり、「軟水、コレステロール、乳漿、脂肪、水分」などが大量にある（それらの量が多いか、少ない）という意味が表されている。つまり、（40）（41）におけると「人間、このラーメン」の関係と、「寺、人、山、子ども、子音、軟水、コレステロール、乳漿、脂肪、水分」との関係は異なるものと言える。

　（38）（39）における「多い／少ない」は「寺、人、山、子ども、子音、軟水、コレステロール、乳漿、脂肪、水分」を「数／量」に沿って構成されるスケールに写像するのではない。「京都、東京、東美濃、日本語」という特定の１つのもの、「日本の水、卵、日本

のバター、カナダ料理、幼動物」といった1つの種類のものをスケールに写像する。スケールの構造は以下の(42)(43)であると考えられる。

(42) a. 京都は寺が多い
    b.

(43) a. 卵はコレステロールが多い
    b.

したがって、(34)(35)(36)(37)における「数／量」は「寺の数が多い、コレステロールの量が多い」における「数／量」とは異なる。「人間、このラーメン」が「数／量」によって位置付けられることと同様に、(40)(41)におけるXにあたる名詞が「Yの数／量」によってスケールに位置付けられる。

では、「多い／少ない」の次元は何になるのだろうか。本研究では、それを「数^d」(d=dimension)と規定し、通常、この要素は言語的には明示されず、「多い／少ない」自体の語彙的意味要素であると仮定する。

以上の考察をまとめると、以下の表のように表すことができる。

表6:「多い／少ない」の次元と次元の領域

このラーメンは	量が(＝領域)	多い(次元＝数^d)
団塊世代は	数が(＝領域)	多い(次元＝数^d)
京都は	寺が(＝領域)	多い(次元＝数^d)
日本語は	子音が(＝領域)	少ない(次元＝数^d)
日本の水は	軟水が(＝領域)	多い(次元＝数^d)
幼動物の肉は	脂肪が(＝領域)	少ない(次元＝数^d)

本節では、「多い／少ない」は述定する場合は大主語が表す物そのものの数量、装定する場合は被修飾名詞が表す物そのものの数量

を直接表さないことを論じた。また、次元が成り立つ領域としての「数／量」と、次元としての「数／量（＝数^d）」の違いを説明した。

次節では、「数／量」が「次元が成り立つ領域」として解釈される条件を説明する。

4.2 「数／量」が「次元が成り立つ領域」になる条件

前節では、「数／量」が「次元が成り立つ領域」である実例を見た。この節では、「数／量」が「次元が成り立つ領域」になる条件を説明する。

「次元が成り立つ領域」である「数／量」は大主語あるいは、被修飾名詞が表すものの１つの側面である必要がある。すなわち、主語あるいは被修飾名詞が「数／量」を持ちうるものである必要がある。

以下では、「数が｛多い／少ない｝」と「量が｛多い／少ない｝」の叙述ないし修飾を受ける名詞句の特徴を説明する。まず、「数が｛多い／少ない｝」の叙述ないし修飾を受ける名詞句について述べる。結論から言えば、それは（44）のように規定される。

(44)「数が｛多い／少ない｝」の「叙述／修飾」を受ける名詞は１つの集合、あるいは１つの種類のものを表すものである。集合と種類は根本的に異なる概念ではなく、前者の１つの集合という概念は後者の１つの種類という概念を含む。それは〈定〉の集合としてまとめられる。

つまり、「数」が「次元が成り立つ領域」になるためには２つの条件がある。第一に、大主語あるいは被修飾名詞が、個体レベルのものではなく、集合を表すものである必要だということである。集合であってはじめて、「数」を有するものと考えられる。第二に、主語あるいは被修飾名詞が表すものが〈定〉のものである必要がある。〈定〉の集合であってはじめて「多い」あるいは「少ない」と判断することが可能となる。

名詞には「富士山、このラーメン」のような個体を表すものと

「学生」のような個体の集合を表すものがあるとされる。しかし、個体の集合を表す名詞句であれば「多い／少ない」の叙述あるいは、修飾を受けるわけではない。

　そこで、「多い／少ない」の叙述あるいは修飾を受ける名詞句は、また別の制約があると考えられる。2.2節でも議論したように、「数」を有するものは、「数えられるもの」であることを意味する。さらに、「数えられるもの」は「数える範囲が決まっているもの」を意味する。数える範囲が決まっているかどうかは、その集合が〈定〉か〈不定〉かによって決定される。

　堀口（1995）は〈定称〉を「指す対象の範囲が定まった」ものと規定している*8。

(45)a.　［定称］
　　　　ア．もともと特定の個物のみを指すもの　　　（特定称）
　　　　イ．表しうるもののすべてを指すもの　　　　（総称）
　　　　ウ．表しうるものの中のある個物のみを指すもの
　　　　　　　　　　　　　　　　　　　　　　　　　（限定称）
　　b.　［不定称］
　　　　エ．表しうるものの範囲を定めないで漠然と指すもの
　　　　　　　　　　　　　　　　　　　　　　　　　（不定称）

丹羽（2004）は名詞句の〈定〉、〈不定〉について、堀口（1995）に基づき、「個体」「集合」といった言葉を使って説明し直している。それを表7にまとめている。丹羽（2004）の堀口（1995）との違いの1つは、「総称」を「集合全体」*9という概念にまとめている点である。この点は本研究の立場と合致するため、本研究では、主に丹羽（2004）の分類基準を採用することにする。

表7：名詞句の〈定〉と〈不定〉

堀口(1995)	丹羽(2004)	丹羽(2004)の説明
特定称	特定個体	ある特定の個体を指示する名詞句（ア）
総称	集合全体	ある集合の全体を指示する名詞句（イ）
限定称	特定部分	ある集合の特定の部分を指示する名詞句（ウ）＊10
不定称	任意個体・集合	任意の個体、または、要素の定まらない集合を指示する名詞句（エ）
	任意部分	ある集合の任意の部分を指示する名詞句（オ）

　「数が {多い／少ない}」の叙述ないし修飾を受ける名詞＊11 は、表7の（イ）の名詞である。（34）と（35）における主語、被修飾名詞はそれぞれ、「団塊世代、人間、白い馬、コンスタントに時速百五十キロ以上のスピードで投げる投手、この試験の総合問題、その患者の甲状腺の結節にある良性の結節、この病院の看護師、カマイルカ、あのタイプの虫、イヌノフグリという植物、この戦争での敵の艦隊、日本にある米国最先端の医療機器、1人っ子世代、再生不良性貧血患者にある造血幹細胞」であり、すべて（イ）タイプの名詞句である。

　次に、「量が {多い／少ない}」の叙述ないし修飾を受ける名詞の条件を考える。まず、個体を表す名詞が「量が {多い／少ない}」の叙述ないし修飾を受けるという点で、前述の「数が {多い／少ない}」の場合とは異なる。

　また、（46）のような被修飾名詞が〈定〉である例もあれば、（47）のような被修飾名詞が〈不定〉名詞句であると思われる場合もある。（46）の下線部の被修飾名詞はそれぞれ「大川さんが注文した焼き飯、自動販売機が売っているコーヒー（種）、注文した一皿のエビ、この店のハンバーガー（種）」といった意味で、（ア）、（イ）タイプの〈定〉名詞句である。

(46)a.　注文の食事がとどいたのだが、ずっと焼き飯がたべたいといっていた大川さんは焼き飯を、他の人たちは定食のようなものを頼んでいた。とどいてみると、あき

110

らかに小さい！量が少ない焼き飯に素直な大川さんの不満顔をみた相方 2 人。一番先に食べてしまって手持ちぶさた。

b. 自動販売機などで量が少ないコーヒーなどを買い始める。

c. 味はマジで遜色ない。ただ量が少ないエビがいつものエビと違ってデカかった。肉みたいなものは一緒。卵も一緒。まあオススメ。

d. 味はいいけど、量が少ないハンバーガーは小さめだし、ポテトに至っては喧嘩売ってるレベル。俺的にはポテトがメインだから、マックには到底及ばないな。

(いずれも jaTenTen11)

(47) a. 量が多い軟膏を出しますので…　　　((37a) の再掲)

b. 安くて量が多い商品ほど好まれている。　((37b) の再掲)

c. 量が多い物は価値が下がり、少ない物は上がる。

((37d) の再掲)

d. …量が少ない野菜や魚は、悲しいかな市場に出せない。

((37e) の再掲)

e. …量が少ない駅弁は多数ある。　　　((37f) の再掲)

(47) における下線部の名詞は〈不定〉のものを指すと考えられるが、「量が {多い／少ない}」の修飾を受ける名詞は制約がないわけではない。(47) の名詞は「〜という種類」のものと解釈される。すなわち、「量が {多い／少ない}」の修飾を受ける名詞は〈定〉の個体を表すもの以外に、1 つの種類を表すものもある。

　上記の分析に基づき、先行研究で提示された「多い／少ない」が装定し、容認されないいくつかの例について、その容認されない理由が説明される。(48a, b, c) では、被修飾名詞は集合と解釈されない。それは述語の影響であると考える。具体的には第 5 章の 3 節でまた議論する。(48d) では、被修飾名詞は〈定〉称ではない。(48d) が容認されないのに対し、(49) が容認される。それは、(49) における「ミンククジラ」は総称解釈であり、〈定〉の集合

第 4 章　「多い／少ない」と他の段階形容詞　　III

を指す。

(48) a. *多い人が庭に集まっている。　　　（まえがき（2a）の再掲）

　　　b. *多い女の人が歩いてきた。　　　　（まえがき（2b）の再掲）

　　　c. *きのう電車事故があって、少ない人がけがをしました。

　　　　　　　　　　　　　　　　　　　　　　（まえがき（2d）の再掲）

　　　d. *多いクジラはミンククジラだ。　　　（第2章（43a）の再掲）

(49)（数が）多いミンククジラでさえ絶滅する危機に直面している。　　　　　　　　　　　　　　　　　　　　　　　　　　　　　　（作例）

　以上をまとめると、「多い／少ない」は数量を表す形容詞だと言われてきたが、どのような意味で数量を表すのかは明確にされていなかった。「多い／少ない」は一見、「大主語／被修飾名詞」が複数であるあるいは大量・少量にあると思われるが、以上で議論したように、「多い／少ない」の叙述あるいは、修飾を受ける名詞は1つの集合、1つの種類のもの（〈定〉集合）、1つのもの（〈定〉個体）であり、「大主語／被修飾名詞」自体が複数であるや大量・少量にあるという意味を表していない。「多い／少ない」は、段階形容詞として測量関数としており、その集合あるいは、個体をスケールに写像するという機能が働く。

　このように、「多い／少ない」を含めて考える場合、段階形容詞が測量関数として、個体だけではなく、集合をスケールに写像することもある。

　次章では、この「多い／少ない」が述定する場合には大主語が表す物そのもの、装定する場合には被修飾名詞が表す物そのものの数量を直接表さないという特徴は「多い／少ない」特有のものではなく、「高い」のような他の段階形容詞も、「多い／少ない」と同様に、大主語や被修飾名詞の属性を直接表していないことを論じる。

5．本章のまとめ

　まず、「多い／少ない」は数量を表す、また、相対的な概念であ

るという 2 つの性質がそれらの使用制限と関係すると考えられてき
た。

　1 点目については、本章では、「多い／少ない」は大主語あるい
は、被修飾名詞が表すものの数量を直接表さないことを説明した。
本章では、「多い／少ない」は「高い、長い、深い、広い、大きい」
のような段階形容詞と同様に、Kennedy & McNally（2005）らが
言う段階形容詞であり、段階形容詞としてスケール上の度合いと個
体あるいは集合の関係を表すと主張している。そして、Kennedy
（1999a、2001）らが提起するスケールの 3 つのパラメーターのう
ち、次元についてはそれが適用される領域を指定する必要があると
いう提案を行った。つまり、次元と次元が成り立つ領域は異なる概
念であり、段階形容詞は次元の領域を指定する必要があることを主
張した。「クジラは大きい」が成り立つのは「クジラは大きさが大
きい」のように、次元が成り立つ領域が指定されているためであり、
この場合には、クジラは動物のサイズを表すスケールに位置付けら
れる。

　そして、「多い／少ない」はと他の段階形容詞と同じように、「X
は Y が〈段階形容詞〉」、「Y が〈段階形容詞〉X」のように、「Y
が」によって「次元が成り立つ領域」を決める必要があるが、「X
は｛数／量｝が｛多い／少ない｝」、「｛数／量｝が｛多い／少ない｝
X」のように、「｛数／量｝が」を補っても、文が容認されないまま
である場合が多いという現象を指摘した。それに対して、本章では、
数あるいは量が「次元が成り立つ領域」になることは条件があるこ
とでこの現象が説明できることを示した。すなわち、主語と被修飾
名詞は「数／量」という側面を持ちうるものでなければないという
条件である。

　2 点目について、「多い／少ない」が相対的な概念で、比較対象
あるいは基準を必要とすると指摘されているが、その性質は「高い、
長い、大きい」などの段階形容詞についても同様である。したがっ
て、相対的な概念を表すことは「多い／少ない」の使用制限と直接
関係がないと考えざるを得ない。本章では、大主語と被修飾名詞は
「数／量」という側面を持つものと解釈できれば、主語と被修飾名

詞が表すものが、「数／量」を表すスケールに位置付けられること
が可能になることを示し、それによって「多い／少ない」の使用制
限が適切に説明されることを主張した。

＊1　本章は、包（2022a）と包（2022b）の議論に大幅な加筆および修正を施
したものである。

＊2　表1はKennedy（1999a）に基づいてまとめたものである。

＊3　尾上（1998）、尾上他（1998）、小川他（2020）は「XはYが〈形容詞〉」
という構造の文を二重主語構文と呼んでおり、本研究もそれらに従うこととす
る。

＊4　小川他（2020）では、網掛け部分は移動要素の元位置を示すとされてい
るが、（15b）では、削除される要素の元位置を示すものと考えられる。

＊5　本研究は、小川他（2020）と同じ理論的立場に立つものではないため、
「高さが」がPhonetic Formで削除されているという分析を必ずしも支持するも
のではないが、「高さ」という要素が何らかの形で表されているという点では
立場を同じくしている。

＊6　「jaTenTen11」は「Japanese Web 2011」の略称である。本研究では、コ
ーパス検索をSketch Engine（https://www.sketchengine.eu/）を使用して行っ
た。

＊7　個体と集合要素が1つしかない集合とは異なる概念である。

＊8　堀口（1995）以前に、金水（1986）には以下のような説明がある。金水
（1986）によると、固有名詞、代名詞、「その」「あの」など指示詞がついた名
詞句、代名詞用法の普通名詞、総称用法の普通名詞、ダイクティックな情況、
アナフォリックな情報などによって直接的に特定の対象を指示する名詞句は
〈定〉名詞句であると述べている。例えば、「日本人」という名詞句は以下の2
つの場合に〈定〉名詞句であると指摘されている。それは、代名詞用法により
特定の人物と照応している場合と、概念レベルの対象を指示する場合（総称用
法）である。また、不特定指示の名詞句と、要素の存在、特定性を当該の文以
外の手がかりから保証する力のない名詞句を〈不定〉名詞句と呼んでいる。

＊9　（イ）の例として丹羽（2004）は（i）を挙げている。（イ）と（ア）が連
続していることも指摘されている。

　（i）a. 人を見たら泥棒と思え。

　　　b. この店の豆腐が一番うまい。

　　　c. そこに集まっている人たちをみんなで取り囲んだ。

（いずれも丹羽2004）

＊10　（ウ）に関して、丹羽（2004）は、それが金水（1986）が述べている
「代名詞用法の普通名詞」のことを指すと述べ、その例として（i）を挙げてい
る。下線部の名詞句は、それぞれ「うちの会社の社長、この展示品、そこにや

ってきた1人の男、今回の飛行機事故の原因」といった意味である。つまり、丹羽（2004）では、文脈から切り離した場合その名詞句が一つの集合を表し、文脈の中で裸名詞が表す集合の部分を表す名詞句を、（ア）というタイプの名詞句であると考えている。

(i) a. 社長が挨拶を申し上げます。
   b. （店内で、ある展示商品の前に置かれた札）展示品に限り、50%引き。
   c. そこに1人の男がやってきた。私は男に道を尋ねた。
   d. 今回の飛行機事故について、原因を究明するために調査団が派遣された。

（いずれも丹羽2004）

つまり、(i) の各名詞句の解釈の結果、それは（ア）のタイプの名詞句（うちの会社の社長、この展示品、そこにやってきた1人の男）になったり、（イ）のタイプの名詞句（今回の飛行機事故の原因）になったりする。本研究では、文脈における名詞句の解釈をみるため、（ウ）というタイプの分類は考慮の対象外とする。

＊11　本研究では数量を表す形容詞の修飾を受ける名詞を考察するため、「被修飾名詞句」ではなく、「被修飾名詞」という用語を使う。

第 5 章
「多い／少ない」の使用条件

1.　はじめに

　「多い／少ない」が装定しにくいという現象が見られることと同時に、下記の 3 つの言語現象も存在する。「多い／少ない」が単独で装定できる例が存在すること、「多い／少ない」の代わりに「多くの、少しの」が使われていること、「多い」より「少ない」のほうが装定しやすいという 3 つの言語現象である。その 3 つの言語現象は、「多い／少ない」が段階形容詞としての修飾のあり方、それと「多くの／少しの」の修飾のあり方との違い、「多い」と「少ない」の違いといった課題と関係すると思われる。

　「多い／少ない」の使用条件について、先行研究では特に「多い／少ない」が相対的な性質を表すことに注目し、比較対象の明示化がその使用条件であると指摘されている。一方、意味が漠然で比較基準を必要とするのがすべての非有界の段階形容詞に見られる性質である。

　本書では、「多い／少ない」を他の段階形容詞および数量詞との比較から、段階形容詞の修飾のあり方を考察する。「多い／少ない」は述定する場合は大主語、装定する場合は被修飾名詞そのものの数量が複数であることを意味しないことをもっとはっきりと示し、かつそれは他の段階形容詞にも見られる性質であると議論する。

2.　段階形容詞の修飾のあり方

　前章では、「X は {数／量} が {多い／少ない}」と「{数／量} が {多い／少ない} X」における「多い」「少ない」が X に当たる名詞の数量を直接表すのではないことを説明した。この節では、こ

のような特徴は段階形容詞の一般的な性質であることを論じる。また、この性質により、「多い／少ない」と連体数量詞「多くの／少しの」の相違点をより明確に示すことができる。

2.1 「高い」との比較から

（1a）と（1a'）は「高い」が「次元が成り立つ領域」にあたるものを叙述ないし修飾する場合である。（1b）と（1b'）は大主語ないし被修飾名詞を叙述ないし修飾する場合である。装定の場合であれ述定の場合であれ、「高い」と「次元が成り立つ領域」を表すものとの関係は「高い」と大主語にあたる名詞との関係は異なる。

(1) a.　高さが高い／背が高い／年齢が高い／値段が高い／価値が高い／人気が高い／音が高い／気温が高い／湿度が高い…

　　a'.　高い高さ／高い背／高い年齢／高い値段／高い価値／高い人気／高い音／高い気温／高い湿度…

　　b.　その山は（高さが）高い／その人は背が高い／その人は年齢が高い／そのコンピューターは（値段が）高い／その芸術品は価値が高い／その歌手は人気が高い／その歌は音が高い／その日は気温が高い／その日は湿度が高い…

　　b'.　（高さが）高い山／背が高い人／年齢が高い人／（値段が）高いコンピューター／価値が高い芸術品／人気が高い歌手／音が高い歌／気温が高い日／湿度が高い日…

「次元が成り立つ領域」の「高さ／背／年齢／値段…」などは「高いか低いか」だけを問題にしている。一方、「山、人、歌手、コンピューター…」などにはさまざまな側面があり、それに応じて「高い」と言っても、何が高いのかについてさまざまな可能性がある。例えば、歌手について言えば、「その歌手は {背／人気／出演料…} が高い」のようにいくつかの可能性が考えられる。そのため、

述定の場合「高い」は「山、人、歌手、コンピューター…」などを
直接叙述しておらず、装定の場合も「高い」はそれらの名詞を直接
修飾していないと考えられる。つまり、「高い」はそれらの名詞の
性質を直接表していると考えられる。これは、述定でも装定でも同
じである。

2.2 数量詞との比較から

ここで述べている「高い」と「山」の関係と類似した関係は、神
尾（1977, 1983）による数量詞の2分類に見られる。神尾（1977,
1983）は数量詞を（2a）と（2b）に分類している。分類の根拠と
して（3）と（4）のように両者の振る舞いが異なることを指摘し
ている。西山（2003）も神尾（1977, 1983）に従い、その2種類
の数量詞の違いを議論している。

（2） a.　3台の車／8人の学生／5本のビン／1リットルの酒／
　　　　　3匹の子豚

　　　 b.　2000ccの車／1リットルのびん／300mの東京タワー
　　　　　／10段の階段／26度の部屋／200キロの力士／8畳の
　　　　　部屋　　　　　　　　　　　　　　　（いずれも西山2003）＊1

（3） a.　3台の車を買う

　　　 a'.　2000ccの車を買う

　　　 b.　車を3台買う

　　　 b'. ＊車を2000cc買う

　　　 c.　2本のビンがある

　　　 c'.　1リットルのビンがある

　　　 d.　ビンが2本ある

　　　 d'. ＊ビンが1リットルある　　　　　　　　　（いずれも神尾1977）

（4） a.　2000ccの車が3台ある

　　　 b. ＊3台の車が2000ccある

　　　 c. ＊車が3台、2000ccある　　　　　　　　（いずれも神尾1977）

西山（2003）は、神尾（1977, 1983）の分析に基づき、（2a）の

第5章 「多い／少ない」の使用条件　119

各数量詞が主要語の数量を直接表しているのに対し、（2b）における数量詞は主要語の持つ属性を直接述べていないと指摘している。（2b）の各例は「N1 である N2」のように言い換えると容認度が落ちる。それらは「排気量が 2000cc である車；容量が 1 リットルであるビン；高さが 300m である東京タワー；温度が 26 度である部屋；体重が 200 キロである力士；広さが 8 畳である部屋」といった意味である。そのため、「東京タワーは、300m である」のような文は「東京タワーは、R が 300m である」の意味で、R は「高さ」、「幅」、「バス停からの距離」などといった様々な可能性があると指摘している。

　（2b）の数量詞と同様の議論は、「高い」にも当てはまる。すなわち、「X は高い」において、「高い」は X の属性を直接述べていないということである。「X は高い」は「X は Y が高い」ということであり、「Y」が何であるのかについてさまざまな可能性がある。そして、「多い／少ない」も、段階形容詞として「高い」と同じく、被修飾名詞そのものの数量を表す用法（2a）は持たず、（2b）のように被修飾名詞そのものの数量を表さない用法しか持たないと考えることができる。例えば、（5a）は（5b）に言い換えられる。（5a）では、被修飾名詞の「学生」が「1 人、2 人、3 人」のように数えられているという意味で、「学生」の数量が直接表されている。しかし、「多い」は被修飾名詞の数量を直接表さず、「数／量」という側面を持つものを修飾するため、（5c）のような文は容認されない。

(5)　a.　　3 人の学生が歩いてきた。

　　　b.　　学生が 3 人歩いてきた。

　　　c.　＊多い学生が歩いてきた。　　　　　　　　　　（いずれも作例）

　次節では、被修飾名詞が「数／量」という側面を持つものであると理解されるかどうかは文脈によって決まることを説明する。また、「多い／少ない」を「多くの／少しの」と対照することから、「多い／少ない」の修飾のあり方を示す。

3.「多い／少ない」と「多くの／少しの」

　上述の「多い」「少ない」の段階形容詞としての修飾のあり方と（2a）の数量詞が異なることから、連体数量詞である「多くの」「少しの」も直接被修飾名詞の数量を表すという点で、「多い」「少ない」と違うと推測される。

　まず、（6）のような「多い」が装定でき、「多くの」が装定できない文の対比から、両者の修飾の仕方が異なることが分かる。（6a）は、仮に、大阪大学が入学試験の難易度を下げ、定員を増やすという文脈で発話された文であると仮定する。その場合、「学生」は「大阪大学に入学する学生」という集合を指し、例えば、去年の「大阪大学に入学する学生」が 3,000 人だったとすると、その 3,000 人が大きい数であると話者が判断し、数という側面から、「多い」を用いてその集合を修飾することになる。したがって、（6a）は「［大阪大学に入学する学生］がもっと多くなる」という意味を表す。一方、「多くの」については、同様の文脈である（6b）の文は容認されないが、（6c）のような文であれば、「多くの学生」が容認される。それは、「多くの学生」は「3 人の学生、80％の学生、ほとんどの学生」の修飾関係と同様に、「学生」の数を直接表しているためである。「多くの学生」では、学生の数は漠然とした数であり、「3 人」のように明確ではないが、決まってはいる。「＊｛3 人／80％｝の学生がもっと多くなる」が容認されないのと同様に、「多くの学生」と述部の「多くなる」が衝突することになり、（6b）が容認されない＊2。

（6）a.　定員を増やしたら、ただでさえ多い学生がもっと多くなるだろう。

　　 b.　＊定員を増やしたら、ただでさえ多くの学生がもっと多くなるだろう。

　　 c.　多くの学生が田中先生の授業に出席した。

（いずれも作例）

また、第2章で述べたように、(7)の各例において「多い」による修飾の場合の意味と「多くの」による修飾の場合の意味は異なる。「多い」の場合はそれぞれ「学生が多いクラス」、「賭け金が多い時」、「量が多い髪の毛」といった意味を表し、「多くの」の場合は「全学校の全てのクラスのうち、{一部の／大部分の}クラスは…」、「賭ける時のうち、{一部の／大部分の}時は…」、「髪の毛の全体のうちの{一部の／大部分の}髪の毛を…」という意味である。つまり、「多いN」は「〜が多いN」という意味であって、Nの数量を直接表しておらず、「複数のN」という意味を表すことはできない。「多くのN」の場合はNの数量がどれくらいであるかを表している*3。

(7)　a.　{多い／#多くの}クラスでは、学生が60人もいます。

　　　b.　{多い／#多くの}時は、一度に10ドルも賭けた。

　　　c.　{多い／#多くの}髪の毛を忙しい折からとて結び髪にして。　　　　　　　　　　　　（第2章(31)の一部の例の再掲）

　そして、(8)の各例では、「多い」を「多くの」に置換できないことを第2節で指摘した。なぜ「多い」が現れ、「多くの」が現れないのかというと、それも両者が名詞を修飾する場合の機能が異なるためである。(8a)では、「多くの」が被修飾名詞そのものの数量を表し、「多くの資源」は「［石油、石炭、天然ガス…］といった資源の一部分」のような解釈になり、その解釈と(8a)の文全体の意味とが合致しないため、「多くの」が容認されないと考えられる。(8b)の「多くの苗字」も「様々な苗字の中で一部分ないし大部分の苗字は」という意味になり、苗字自体の数量が表されるようになる。しかし、(8b)における主語は、「〈その苗字で呼ぶ人が多い〉苗字」という意味である。(8c)の解釈も同様で、車と自転車の接触事故が様々な事故の中で、発生する頻度の高い事故であるという意味と解釈しなければ文全体の意味と整合しない。ところが、「多くの」は事故そのものの数量を表し、「車と自転車の接触事故、車と車の接触事故、車と人の接触事故…」といった事故の中の大部分の事故と解釈されるが、その解釈と述部の1種類の事故であると

いう解釈が矛盾するため、「多くの」は容認されない。（8d）も同様である。述部が「冠詞の使い分け」という1種類の誤りを指し、「多くの誤り」は「冠詞の使い分け、単複数の使い分け、綴りの間違い…」中の大部分の誤りのような意味を表し、その意味と述部の意味が矛盾するため、「多くの」が容認されない。

(8) a. ｛多い／*多くの｝資源だからと言ってむだに使ってはいけない。

　　 b. 日本で｛多い／*多くの｝苗字と言えば、鈴木、佐藤、山田などだけど、さて、アメリカ人に｛多い／*多くの｝苗字って何だろう。

　　 c. この辺で｛多い／*多くの｝事故は車と自転車の接触事故です。

　　 d. 一番｛多い／*多くの｝誤りは冠詞の使い分けです。

（第2章（31）の一部の例の再掲）

「少しの」も直接被修飾名詞の数量を表す点で「少ない」と異なる。（9）は、（6a）と同様に、主語そのものの数量が表されていないことがはっきりする例である。なぜかというと、（9a）がもし主語が「何匹かしかいない飛竜」と解釈されるのであれば、後接の「大量に登場する」と矛盾してしまうからである。したがって、（9a）における「飛竜」は総称を表すと考えざるを得ない。（9b）も同様に、「商業系の女性映画監督」はタイプとしてのものと解釈されなければならない。また、（10）のような被修飾名詞自体の数量が表される文では、逆に「少ない」が生起できない*4。

(9) a. 数が少ない飛竜がなぜか大量に登場…

　　 b. とはいえ、伝統的に数が少ない商業系の女性映画監督の少なさ、プロデューサーから脚本から何から男性陣に牛耳られた（音楽業界以上にコンサバな）映画界の現状を考えれば、こういう視線が存在するのは大事だと思う。

（いずれも jaTenTen11）

(10) a. 葬儀屋の、従業員はおろか経営すること事態に免許は
要りません。{* 少ない／少しの} 資金と知識があれば、
誰でも直ぐに出来ます。

b. {* 少ない／少しの} 現金と TC、クレジットカードを
持っていくのがいいと思います。

c. マイトナーは、二個のバリウムの原子核の質量と、元
のウラニウムの原子核の質量を比較した。{* 少ない／
少しの} 差が出た。　　　　　　　　　　（いずれも BCCWJ）

　以上の議論をまとめると、「多い」「少ない」は段階形容詞として
被修飾名詞の数量を直接表さないという性質を持ち、「多くの」「少
しの」は被修飾名詞の数量を直接表すという点で異なるということ
になる。

　最後に、先行研究で挙げられたいくつかの「多い／少ない」が装
定する例が容認される理由は何であるのかという問題が残されてい
る。まず、仁田（1980）が挙げている「多い」が装定する例のう
ち、（11）を取り上げる。この例はまさに、ここまで議論してきた
ように、「多い」が被修飾名詞そのものの数量を表さず、「数」とい
う側面を持つものを修飾するという主張によって説明される。

（11）（3つの中で）多い方を取ってください。（第2章（3a）の再掲）

　第2章で、被修飾名詞が「方」である例は、「X は Y が多い」と
いう構造をなしており、実際 BCCWJ で検索した「多い」が装定す
る 62 例のほとんどが「～が多い＋N」の省略であると解釈される
こと、そこで、「多い」が単独で装定する例がないことを述べた。
本章では、「多い／少ない」が段階形容詞として、ガ格によって次
元が成り立つ領域を指定する必要があることを明らかにした。つま
り、被修飾名詞が「方」のような名詞ではない場合であっても、
「～が {多い／少ない} N」のようにガ格によって次元が成り立つ
領域を指定する必要がある、のように統一的に説明できる可能性も
考えられる。

とはいえ、「方」はやはり他の実質名詞とは異なり、それ自体は「数／量」という側面を持つわけではないため、本書ではこれ以上の議論は控えさせていただく。他の先行研究で提示された「多い／少ない」の装定用法が可能になる場合も「{数／量} が {多い／少ない} N」であると解釈できる。

　しかし、「多い／少ない」の装定が可能なのは、(11) のようなタイプだけではない。次節では、先行研究で提示された「多い／少ない」が装定する他の例を見る。同一の名詞であっても「多い／少ない」によって修飾される場合と修飾されない場合があることを示す。それは、主語あるいは被修飾名詞が「数／量」を1つの側面を持ちうるものと解釈されるかどうかは文脈によって決まるからだと説明する。

4. 「多い／少ない」が装定できたりできなかったりする原因

　被修飾名詞が同じである場合でも、「多い／少ない」による修飾が可能である場合と不可能である場合がある。それは、名詞の解釈が文脈によって影響されるためであると考えられる。(12) では被修飾名詞は同じ「学生」であるが容認性が異なる。「数が」を補っても、文の容認性は変わらない。これは、それぞれの文における「学生」の解釈が異なることに由来すると考えられる。「学生」という語は、文脈によって個体レベルの学生を表したり、集合としての学生を表したりするのである。

(12)a. ＊(数が) 多い学生が歩いてきた。
　　 b. 　定員を増やしたら、ただでさえ (数が) 多い学生がもっと多くなるだろう。
　　　　　　　　　　　　　　　　　　　　　　　　　　　　(いずれも作例)

4.1　名詞の解釈と文脈の関係
　金水 (1986) と丹羽 (2004) は、名詞句の〈定〉・〈不定〉に関する研究であり、名詞句の〈定〉・〈不定〉の解釈と文脈の関係につ

いても少し言及している。また、本研究では、名詞句が〈定〉・〈不定〉だけではなく、個体と集合（あるいは種）のどちらかを表すかも考慮する必要がある。

　まず、金水（1986）は同じ名詞でもそれを含む上位概念の違いによって個体レベルかそうでないかが違ってくる場合があると指摘している。金水（1986）によると、（13a）の『日本語文法論』は「（山田孝雄の）業績」という集合に属し、固有名詞のことを指す。（13b）の『日本語文法論』は、上位概念は「本」であり、個体レベルの要素は一冊一冊の本を指す。（13c）の「犬」の指示対象は、集合「犬」の一部分の要素である。（13d）の「犬」の指示対象は、集合「犬」のすべての要素である。

(13)a.　山田孝雄は三十五歳の若さで大著『日本語文法論』を
　　　　完成した。
　　b.　お金がたまったら『日本語文法論』を買いたい。
　　c.　家を建てたら、犬を飼いたいね。
　　d.　犬はとても賢い動物です。　　　　　（いずれも金水1986）

　（14）は（13c）が表す集合の「犬」の構成要素の個体としての「犬」であり、かつ〈不定〉の個体を指すと理解できる。（14）が容認されないのはそのためである。

（14）＊家を建てたら、（数が）多い犬を飼いたいね。　　　（作例）

　また、丹羽（2004）では、（15）のような同じ名詞句が異なる文脈で現れ、解釈が異なる例を挙げている。（15a）における「この店の豆腐」は第4章の表7で挙げている（オ）の〈任意部分〉、（15b）における「この店の豆腐」は（イ）の〈集合全体〉を表すと指摘している。「豆腐」に関して「量」が多いか少ないかのような文脈は考えにくいため、それを「料理」に変更すると、（16）のような文が容認される。ここから、「多い」が叙述する「この店の料理」は（オ）の〈任意部分〉ではなく、（イ）の〈集合全体〉で

あることがわかる。この事実は、「多い」が集合ないし種しか叙述／修飾しないという本研究の主張と整合的である。

(15) a. この店の豆腐を食べたい。
　　 b. この店の豆腐が一番うまい。　　　　　（いずれも丹羽2004）
(16) この店の料理はうまいし、（量が）多い。　　　　　　　（作例）

（14）と（15）から、「飼いたい」「食べたい」の対象は具体的な個体である必要があり、その目的語を表す名詞の「犬」と「豆腐」は集合ないし種としては解釈されないことがわかる。また、「賢い動物である」「一番うまい」のような属性を叙述する述語は、主語が総称解釈、つまり1つの〈定〉の集合と解釈される必要がある。

　「飼いたい、食べたい」と同様に、（12a）の「歩いてきた」の主語も具体的な個体である必要があると考えられる。また、（12a）は現象描写文であるため、主語の「多い学生」は不特定多数の読みを持たなければならない。前節で述べたように、「多い」は被修飾名詞そのものの数量を表さない、すなわち、「複数の学生」という意味を表さないため、（12a）が容認されないのである。（12b）での「学生」が集合として解釈されることはすでに前節で説明した。

　ここで、この「学生」が集合として解釈されるのは述部の「もっと多くなる」の影響であることを説明する。「もっと多くなる」と言えるものは、もともと一定の数を持つものでなければならない。そこで、この述語により、（12b）における「学生」は一定の数を持つものと解釈される[*5]。また、「ただでさえ」によって修飾されていることも「学生」は一定の数を持つ集合であると解釈されることを裏付けている[*6]。

　上述の「学生」の読みに関する分析は、（17a）と（17b, c, d）にも成り立つ。（17a）における「人」は文脈によって、例えば「梅田駅にいる人」のような集合解釈をとるのに対し、（17b, c, d）における「人／女の人」は「集まっている、歩いてきた、けがをしました」といった述語の影響で個体レベルのものとしか解釈されない。それらの述語は、具体的な行為を表しているため、具体的な行為主

第5章 「多い／少ない」の使用条件　127

体を必要とする。

(17)a.　ただでさえ多い人が週末にはもっと多くなる。

（まえがき（4c）の再掲）

b.　*多い人が庭に集まっている。　　（まえがき（2a）の再掲）

c.　*多い女の人が歩いてきた。　　（まえがき（2b）の再掲）

d.　*きのう電車事故があって、少ない人がけがをしました。

（まえがき（2d）の再掲）

　また、被修飾名詞が同じ「資源」である場合、「多い／少ない」の修飾を受けられたり、受けられなかったりする。(18a）における「資源」は種としての資源を指すと考えられる。一方、(18b）の述語の「見つかった」の対象は具体的レベルのものである必要があると考えられる。特定の一種の資源という読みができず、「不特定の大量の資源」のような意味を表さなければならないが、「多い／少ない」が被修飾名詞そのもの数量を表さないため(18b）は容認されない。「量が」を補っても文は容認されないままである。さらに、(18c）のような存在文で存在物が「少ない」によって修飾されないのは、1つの可能性として、その文における「資源」が表7にある（オ）の〈任意の部分〉を表しているためだと考えられる。「(量が）少ない」の修飾を受ける名詞は1種類のものと矛盾する。なぜ、(18c）の被修飾名詞が（オ）の〈任意の部分〉を表すと言えるかというと、(19）の各例の下線部の名詞について、堀口（1995）はそれらが不定称のものであるとし、丹羽（2004）はさらに、それらが（オ）の〈任意の部分〉を表すと指摘しているからである。一方、「多い／少ない」がニ格と共起できるため、「〜に{多い／少ない}」が1つの括りとして解釈されている可能性もある。「多い／少ない」が存在物を修飾する場合については、また第6章の3.2節で議論する。

(18)a.　（量が）多い資源だからといって無駄に使ってはいけない。

128

b. *海底から（量が）多い資源が見つかった。

c. *中国には（量が）少ない資源 {がある／しかない}。

（いずれも作例）

(19) a. わが家に犬は二匹います。

b. この町に高層ビルは少ない。

c. この論文に欠点はたくさん見られる。

（いずれも丹羽2004）

　最後に、「たくさんある・いる」が「多い」に置換できない例について述べる。これらのうち、以下のような同じタイプと思われる例があり、それらの例では、文脈によって名詞の解釈が１つの種類のものと解釈されないことは明らかである。「〜の一つ」と言える名詞は、その名詞は、「複数のＮ（複数の情報、複数のおかず、複数の機関、など）」と解釈されなければならないため、被修飾名詞自体は個体という解釈を持たなければならない。そのため、「多い」による修飾を受けることができないのである。

(20) a. 世論調査などの統計資料はあくまでも、{たくさんある／*多い} 情報のひとつにすぎない。

b. ラントゥのグラタン以外には、じゃがいものグラタンとにんじんのグラタンがクリスマスのテーブルに並ぶことがあるが、これらも {たくさんある／*多い} おかずの中の一つというわけだから…

c. 今は新聞というのは {たくさんある／*多い} 報道機関のうちの一つです。

d. …その言語は、以前からインドネシアに {たくさんある／*多い} 言語の一つにすぎなかった。

e. …いずれにしても、放送局の免許という問題で、こんなに {たくさんある／*多い} ものを郵政省が絞る、一つにする。

f. …再び {たくさんある／*多い} 脂肪細胞の一つひとつが膨らんで太りやすくなる。

（いずれもBCCWJ）

5. 「多い」と「少ない」の非対称性

　本研究では、「多い／少ない」は段階形容詞であり、主語ないし被修飾名詞が表すものの数量を直接表さず、個体ないし個体の集合をスケールに写像する測量関数を表すという分析に基づき、それらの使用制限を説明している。しかし、「多い」と「少ない」は完全に同じ振る舞いを示すわけではない。BCCWJ で検索した結果、その非対称性は以下のように用例数の差に反映される。

(21)a. 「多い」は単独で装定する例がほとんどない。「(文頭から) 少ない＋N〜」は 60 例あり、「〜少ない (連体形) ＋N〜」は 248 例ある*7。あわせて、「少ない」が単独で装定する例は 308 例ある。

　　 b. 「N に多い N」は 78 例あり、「N に少ない N」は 1 例しかない。

　　 c. 「N {は／が} N に多い」は 24 例あるのに対し、「N {は／が} N に少ない」は 3 例しかない。

　本書では、特に (21a) の装定用法における「多い」と「少ない」の非対称性に注目する。

5.1 「多い」と「少ない」の非対称に関する先行研究

　「多い」と「少ない」の非対称は朱 (2012)、佐野 (2016、2017) でも提示されている。朱 (2012) は『朝日新聞 (1999–2001) CD-ROM』のデータで用例を収集している。その結果、「少ない」の場合は (22) のような単独で装定する例が 90 例あるのに対し、「多い」の場合はわずか 4 例しかないことが分かった。朱 (2012) は記述的な研究で、その非対称の理由を論述していない。その非対称を踏まえ、佐野 (2016、2017) は「少ない」を研究対象としていない。

(22)a. 優先株の発行価格を高めに設定できるようにして、<u>少</u>

ない株数で多くの資本を注入できることにした。

b. 逆に米国企業は水に溶けない樹脂製の粒で実験していたため、少ない水できれいに流す技術を培ってこなかったという。

c. 少ない投資で銀行業ができるため、異業種からもインターネット専業銀行をつくって新規参入する働きが相次いでいる。

(いずれも朱2012)

また、服部（2002）は「多い」は肯定と性質を共有し、「少ない」は否定と性質を共有することを指摘している。服部（2002）は(23) の①と②の間は平行性があり、それに基づき、「〜が少ない」の用例数が「〜が多い」より少ないことを説明している。

(23)① 存在が想定されてもいない対象についてそれが実際存在しないことは通常ない。

② 「少ない」は極限としてのゼロに向かう、下向きの（否定的な）尺度を反映する。存在が想定されてもいない対象について、それが一定の数量以下しかないと述べることは通常ない。

このように肯定の意味合いを持つ語彙の方が無標で使用制限がより少ないのは一般的で、服部（2002）も「少ない」の否定の性質に基づき、述語として使われる場合、「〜が少ない」の用例数が「〜が多い」より少ないことを説明している。しかし、装定する場合、否定の性質を持つ「少ない」のほうが逆に用例数が多い。

趙（2015）は標識の有無では三次元形容詞の非対称性を説明できないところがあることを議論している。具体的には、「厚い／薄い」を研究対象に、有標の「薄い」のほうが分布がより広いことを指摘している。筆者がBCCWJで「（文頭から）厚い＋N」と「（文頭から）薄い＋N」と検索したら、前者は46あり、後者は147ある。

ゆえに服部（2002）の説明は直接装定用法における両者の非対

称性を説明するのには適応されない。

　そして、今仁・宝島（2008）は、「多くの」という表現があり「*少なくの」という表現がないという現象を説明する際に、「多い」と「少ない」のいずれもが比較を表すが、「少ない」は比較を表すために、「*少なくの」の意味計算が複雑になることがこの表現が存在しない理由であるとしている。具体例を見てみると、例（24a, b）において、修飾される名詞の「学生」と「入場者」に対して、2つの方向が相反する量の計算が行われているとされる。その1つは、「学生」と「入場者」の数量は、ゼロを起点として無限大の方向へ増大するベクトルである。もう1つは、ゼロ方向へ向かうベクトルである。すなわち、「少ない」は本来「比較」を行う表現であり、「〜より少ない」という計算が行われているというのである。したがって、2つの相反する量の計算が同時に行われていて、意味計算を複雑にしてしまうため、「*少なくの」が存在しないとする。一方、「多くの」については1つの方向へ向かう量の計算しか行われていない。それは、ゼロから無限大の方向へ増大する量の計算である。

　（24）a. *少なくの学生が、携帯を持っている。
　　　　b. *今年は、少なくの入場者が枚方パークを訪れた。

　今仁・宝島（2008）は直接「少ない」の装定用法について述べてないが、今仁・宝島（2008）の上述の「多くの」と「*少なくの」分析に沿って考えると、「少ない」の方が使用制限が多いと考えるのが自然である。

　しかし、「少ない」の方が装定する例が多いという事実は、それが否定表現と類似性があるという点からは解釈できないように思われる。

　前章の分析を踏まえ、「多い／少ない」が被修飾名詞を直接量化せず、「多い／少ない」が被修飾名詞の「数／量」という側面の性質を表す。一方、「数／量」という側面を持つと考えられるものは単独で一定の条件を満たさなければならない。すると、「少ない」

132

が単独で装定する 308 例は何らかの特殊性があり、その特殊な条件の下で、「少ない」が数量を表す形容詞の使用条件に違反しても、装定できるようになるか、それとも「少ない」は何らかの「多い」に見られない性質を持ち、その使用条件の満たす文脈が揃いやすいかという 2 つの可能性が考えられる。

5.2 「少ない」の否定の性質

まず、「少ない」が述語として使われる場合、現れにくい文脈がある。(25a) は不自然で、(25b, c) は自然である。また、(26) のような質問に対して、A1 と A4 の答えは自然で、A2 と A3 の答えは不自然である。このように、「少ない」は肯定的な意味を表す「少しある」とは異なる含意を表すと考えられる。

(25) a. ＊つまり、○○商品に対する需要が<u>少ない</u>から、それの生産に投資するチャンスである。

    b. つまり、○○商品に対する需要が<u>少ない</u>から、それの生産に投資しないほうがいい。

    c. つまり、○○商品に対する需要が<u>少しある</u>から、それの生産に投資するチャンスである。　　(いずれも作例)

(26) Q：今、時間は大丈夫？　コーヒーでも飲みに行く？

    A1：　会議までには、時間が<u>少しある</u>から、行こう。

    A2：＊会議までには、時間が<u>少ない</u>から、行こう。

    A3：＊ごめん、会議までには時間が<u>少しある</u>から、また今度にする？

    A4：　ごめん、会議までには時間が<u>少ない</u>から、また今度にする？　　(いずれも作例)

そして、「少ない」と「少ししかない」の<u>互換性</u>は今井 (2012) にも指摘されている。今井 (2012) は (27) の各文の容認性は「少ない」を「少ししかない」に置換しても同じであると述べている。

(27) a. 少ない資源を大切にしよう。　　　　　　　　　（仁田1980）

b. 少ない金をはたいて本を買った。　　　　　　　（仁田1980）

c. 少ない資料で正しい結論を出すのはむずかしい。

（仁田1980）

d. 少ない店員で能率的な経営をする。　　　　　　（仁田1980）

e. *少ない本がある。　　　　　　　　　　　　　（仁田1980）

f. *庭に少ない人が居る。　　　　　　　　　　　（仁田1980）

g. *きのう電車事故があって，すくない人がけがをしました。

（寺村1991）

さらに、筆者がjaTenTen11で「少ししかない」が装定する例を検索すると、75例ある。それらの例における「少ししかない」を「少ない」に置換するというテストを行い、その結果ほとんどの例が「少ない」に置換されても容認されると判断されている。その一部の例を（28）で挙げている。

(28) a. たくさんあるもののために、少ししかないものを犠牲にするな。

b. "今日もパスタにしちゃうかな"と一瞬思ったのですが、せっかくなので少ししかないご飯を活用して何かを作ろうっと！

c. 三時の少ししかない休憩時間に、手ほどきされてもねー。

d. まっ今始まったことではないのであきらめの境地でありますが、どうして少ししかない休日にあんなにも多くの人々が大移動をするのか？

e. 5-5で僕は出られずにわたまかさんが出場していましたが、少ししかない時間で試合しているのに時間を無駄にした気分になり非常に残念でした。

f. 少ししかない力は使わないより使ったほうがいい。震災のおかげで日本ががんばっています。だから、一緒に頑張りましょうね。絶対に無駄ではないです。

g. ゆっくり、まだかすかにめまいを感じながら、ロルファは少ししかない荷物をまとめ始めた―大きな安物の服、エプロン、炒め物用のフォーク。

h. みんながそれぞれの少ししかない食料を差し出し、みんな助けあいの精神でsoupを作る。

(いずれも jaTenTen11)

　以上で示したように、「少ない」は「少しある」という意味より「少ししかない」を含意する。かつ、「少ない」のその含意は、「少ない」が装定する例の方が「多い」のそれより多いことと関係すると考える。次節では、両者の関係性を議論する。

　なぜ「少ししかない」が装定する例のほとんどが「少ない」に置換されるのか。(28) の例と対照的に、(29) を作成した。「少ししかない」と「少ない」のどちらも (29) の各例における「（　）」には現れない。

(29)a. （　）ものを捨てただけで、浪費とは言えない。

　　b. （　）ご飯を食べても、血糖値が想像以上のスピードで上がることが分かる。

　　c. （　）休憩時間を取っていたから、まだ眠い。

　　d. 日本と比べ中国では、（　）休日がある。

　　e. （　）時間で試合しても、勝負が判りにくいだろう。

　　f. そのタスクを完了させるのに、（　）力だけを使ったので、まだ頑張れます。

　　g. 三日間の短い旅行なので、（　）荷物を準備したが、服が足りなさそう。

　　h. （　）具材で作ったスープには、「飲む」を使い、たくさんの具材が入っているスープには、「食べる」を使うのか*8。

(いずれも作例)

　(28) と (29) はどのように違うかを考察すると、(28) の各例における被修飾名詞の数量が決まっているものであると考えられる。

一方、(29) の各例を作成する時に、被修飾名詞そのものの数量が問題にされている文脈であるようにしている。例えば、(29a) は「ものを少し捨てただけで…」のような意味を要求する。一方、(28a) は「もの」を数量によって「たくさんあるタイプ」と「少ししかないタイプ」に分類し、(28a) における「もの」は種類としての「もの」を指す。(29b) は「ご飯を少し食べても…／少量のご飯を食べても…」といった意味を要求する。一方、(28b) の前文脈は「…ランチ用ご飯の大半は彼ちゃんの朝食用のおにぎりに持って行かせちゃったので私の分は少し」であり、(28b) における「ご飯」は「私に残されたご飯」のことを指し、その量が決まっている。

　つまり、「少ししかない」も「少ない」と同様に、直接被修飾名詞そのものを数えるような機能が働くのではないため、被修飾名詞そのものの数量が問題にされる文脈では生起できないと考えられる。「少ししかない」の装定用法の実例のほとんどが (28) のような、被修飾名詞が数量的に決まっているもので、すなわち被修飾名詞そのものの数量が問題にされていない文脈であるため、「少ない」の使用条件を満たし、「少ない」に置換されると考えられる。

　そして、なぜ「少ない」が「少ししかない」と互換性が高いことによって、「少ない」がより装定しやすいことが解釈されるのかという疑問が残されている。次節では、「少ない」は「少ししかない」と互換性が高いことは何を意味するかを分析する。

　まず、「しかない」は以下のような意味を持つ。「教室に20人しかいない」という文に対しては、「20人いる」という意味と話者の期待がはずれた「いる人が20人以上に至ると思ったのに、至らなかった」という意味が同時に表される。

　それと同様に、「少ない」は「少ししかない」を含意することは話者の否定的な評価を含意すると考えられる。すなわち、「少ない」は「しかない」による「理想の／期待する／想定された基準…よりも低い」や「〜に至ると思ったのに、至らなかった」といった話者の否定的な評価の意味での否定の性質を持つ。

　つまり、「少ない」の否定性は二層構造をなす。1つは服部

136

(2002) が指摘する「多い」は肯定、「少ない」は否定と性質を共有するという意味での否定性を持つこと。もう1つは上述の「少ししかない」の含意による話者の主観的な、否定的な評価という意味の否定性を持つことだ。

5.3 「少ない」による装定の実例の考察

「少ない」が装定する実例には、共通した特徴が見られる。それらの例は大きく以下の2つのグループに分けられる。1つのグループは、(30)(31)(32)のような例で、逆接の意味が読み取れる点で共通している。まず、(30)のような「少ない」が「できる／動詞の可能形、可能である」といった表現と対照的に使われ、「〜が少ししかないのに、できる」という意味が読み取れる。

(30) a. 少ないコストで、ウェブサイトをインタラクティブ・マーケティングの場に変えることができるのは、画期的だ。

b. 少ない材料で大きな水圧に耐えることができる合理的な形だ。

c. 少ないスペースにたくさんの車が駐車できます。

d. 少ない宣伝広告費で顧客に認知してもらうことが可能となるからだ。

e. 少ない年金でも暮らせる高齢者の住まい。

f. それぞれの動作の中で土踏まずのアーチの部分がバネの役割をしたり、クッションの役割をしたりして、衝撃が小さく、少ない力で歩けるようになっているのです。

(いずれも BCCWJ)

また、(31)のような例は逆接を含み、「〜が少ししかないが、(ポジティブな表現／評価／望ましい事態…)」といった意味が表れている。

(31) a. 少ない会話でしたけど、話して好きになってしまいま

した。

b. <u>少ないボーナス</u>だけど…それでも貧乏学生にとっては、最高に嬉しい！

c. <u>少ない雪</u>でも人影はなく静かでした。

d. <u>少ない金額</u>ではありますが、何かのお役にたてていただければと思います。

e. <u>少ない出番</u>ながら好印象を与えた。

f. もちろん、そういった教育のやりやすさ、<u>少ない人員</u>ながらそれを生かしながらやるというのは、そういったメリットもあるのかもしれませんけれども。

(いずれも BCCWJ)

　そして、(32) の各例は「少ない＋N」と後接の「多くの」とは対照的になる。それらの例における「少ない」は英語に訳すと「limited」と訳される場合が多く、「〜が有限的であるのに〜／〜が少ししかないにもかかわらず〜…」といった意味が表されている。後接文脈は、(33) のような「大きな〜」である例も (32) と類似し、同じグループにまとめられる。上述の 3 つの場合に関して、「少ない」に上述の話者の否定的な評価の意味があってこそ、後接の「できる、可能である、多くの」といった表現や望ましい事態との対比が可能となり、または逆接が成立するわけである。また、その 308 例の多くは上述のグループに分類される。朱 (2012) で挙げられている (22) の各例も「少ないNで＋多くの〜／きれいに〜／〜ができる」という構造を持ち、そのグループに含めることができる。

(32) a. <u>少ない紙面</u>に、多くの内容を盛ろうとすれば、どこかに無理が生ずるのは当然であって、在来の物語の手法は改変せざるを得なかった。

b. たしかに、子供の数が際限もなく増えていけば、<u>少ない負担</u>で多くの受益という年金制度をつくることができる。

c. インドアが、少ない施設数でより多くの会員を集めていることは、先にも触れた通りだ。

d. マーケティングの常識を頭から振り払い、最も効果的に顧客にアピールする方法を、そして少ない顧客から少しでも多くの利益を上げる方法を、ゼロから考えよう。

e. レバレジッドとは「てこ」の意味で、少ない投資資金で多くの税務上の効果を受けられることから、そう呼ばれている。

f. ですから、名づけに漢字を使うことで、少ない文字数でも多くのことを語り、広いイメージを持たせることができるわけです。

g. 抗生剤より毎日の口腔ケアという介護が、はるかに優れているといえる。JAmGeriatr Soc の Editorial としてこの論文にコメントを寄せ、口腔ケアは少ない費用で多くの医療費を倹約できると追加している。

(いずれも BCCWJ)

(33)a. 誰でも少ない掛け金で大きな保障を望みたいとしても、実際には掛け金の額によって保障は比例するものです。

b. 少ない経費で大きな効果を挙げるよう、税金を大切に使います。

c. その名の通り、手元の資金を証拠金として数倍〜数百倍の外貨の取引ができるので、少ない資金でも大きな取引ができます。

(いずれも BCCWJ)

さらに、上述の「できる、可能である、多くの」といった表現や逆接を含まない（34）のような例を第2グループにまとめる。

(34)a. 少ないエネルギーをどうあんばいするか。

b. 少ない小遣いの中からどれを買おうかと、心を弾ませながら選んでいた子供の自分。

c. 壁紙なしにしたら、メインメモリの空きがほんの少し

空くぐらい。あっても無くてもいい感じ。<u>少ないメモ
リ</u>（二百五十六〜五百十二MB）で動かしているので
あればちょっとだけましになる程度です。

d.　<u>少ない</u>平地に生活圏を展開しているので、いきおい海
のすぐ近くまで人が住み家が建ち田畑が耕される。

e.　でも、<u>旦那</u>のお母さんはすごく節約家で<u>少ない給料</u>か
らやりくりしています。

f.　結婚しようとおもっているのに、わたし達も<u>少ない給
料</u>でやっているので今後が不安です。（いずれもBCCWJ）

　　まず、（34）の例における被修飾名詞は表すものも文脈から見れ
ば数量も決まっているもので、「少ない」が数量形容詞の装定条件
を違反し、被修飾名詞を量化しているとは考えられない。例えば、
（34c）がはっきり示しているように、「メモリ」は「二百五十六〜
五百十二MB」という決まった容量のメモリのことを指す。また、
それらの例も、百科事典的な知識や話者の過去知識などに依存し、
話者の否定的な評価と後接する事態との対比が成立するようになり、
価値のある文になったと考えられる。

　　（34）は（35）と似ている。佐野（2017）は（35）には、「少な
い」は現れ、「多い」は現れないと指摘しているが、その原因は次
のように分析できると筆者は考える。「お酒は健康によくない」と
いう百科事典的な知識が背後にあり、さらに「飲酒はくせになりや
すい」という百科事典的な知識もあるかもしれない。そこで、お酒
を少ししか飲まないことは労力を費やすことで、望ましいことでも
あるので、この文は言う価値のある文となる。

（35）お酒は出来るだけ少ない（＊多い）量を飲むようにしていま
　　　す。
　　　　　　　　　　　　　　　　　　　　　　　　　（佐野2017）

　　それと同様に、例えば（34a）の場合、「どうあんばいするか」
という悩みが成り立つのは、被修飾名詞の量が発話者の判断では望
ましい量に至っていないからであり、（34b）の場合、後件の慎重

に商品を選ぶことが成立するのは、小遣いの金額は理想値に至っていないからである。かつ、（34）の各例を「少しある」に置き換えると、文の自然度が落ちる。それはやはり、「少ない」にある話者の否定的な評価という意味が文の意味構築に重要であったと考えられる。

　まとめると、「少ない」が装定する実例から、それらは数量形容詞の装定条件に違反していないことが分かる。また、「少ない」の意味的な特徴を分析し、それは「少ししかない」と互換性が高いことも分かり、「少ない」には話者の否定的な評価を含意すると結論づけた。最後に、「少ない」がその話者の否定的な評価を表すため、装定しやすくなっていると議論した。

　このように、先行研究で提示された（36）の各例が容認される理由についても、説明できるようになる。つまり、「少ない資料、少ない金、少ない店員」では、正しい結論を出すこと、本を買うこと、能率的に経営することが難しいといった百科事典的な知識や話者の過去の知識が背景知識としてあるからこそ文が容認されるわけであると考えられる。

（36）a.　少ない資料で正しい結論を出すのは難しい。

（まえがき（4d）の再掲）

　　　b.　少ない金をはたいて本を買った。（まえがき（4e）の再掲）

　　　c.　少ない店員で能率的な経営をする。

（まえがき（4f）の再掲）

　以上のように、本書では「多い」と「少ない」の非対称性を、「少ない」に含まれる話者の否定的な評価という意味に基づいて説明を試みた。しかし、「少ない」の否定的な意味が二層構造を成しているとしても、スケール構造による否定性と話者の否定的な評価を明確に区別するのは難しい場合がある。

　それと同時に、「少ない」の装定用例からは、その原因がより複雑であることも感じられる。たとえば、（37）といった例は、一見装定のように見えながらも「仕事が少なくても、時間が少なくても、

業績が少ない、量が少なくても、砂糖やバターが少なくても」のように述定として成立しているとも考えられる。

(37) a. 仕事を独り占めすることは危険であり、たとえ少ない仕事でも立派にこなすほうが価値ある仕事に結びつく

b. ヨガのレッスンにも、同じことがいえます。気楽に考え、まずは試してみること。どんなに少ない時間でも、どんなに少ないポーズ数でも、少しずつ試していくうちに、自分に自信がついてくるでしょう。

c. 仕事以外で何か集中できる娯楽をして、少ない時間でも仕事の事を意識の中から外す様にするのが今のあなたにとって一番大切かもしれません。

d. 一年に十篇のよい論文を書く人と、一年に一篇のよい論文を書く人をくらべると、少ない業績の人が「来年はがんばる」といっても、差はひろまるばかりなのである。

e. ダイエットシュガーは少ない量でも甘味が強いので、カロリーが低くなります。

f. シナモンの風味で、少ないバターや砂糖でもおいしくいただけます。　　　　　　　　　　　　　　（いずれも BCCWJ）

一方、(35) のような「少ない」が「量／〜量／数／〜数」を修飾する例が、BCCWJ の中で「少ない」が単独で装定する 308 例のうち 55 例ある。その一部を (38) で挙げる。

(38) a. 少ない量でカロリーを摂取できる脂肪が取れなくなるとどうしても炭水化物に頼ってしまう。

b. 少ない取引量で株価指数が一パーセント下落した場合、実際に取引されたのは株式のほんの一部であるため、多くの観測者はこれをすぐに織り込む。

c. これらのサービスが可能になったのは、1 通信技術の進歩により、少ない情報量で、映像情報を送れるように

142

なったこと、2 端末価格が低下したこと、などが主たる理由である。

d. (「知る」という意味合いでは、曲の幅が広いに越した事は無いので。) 少ない数でできるだけ知ろう。という場合は。「古い方」と「新しい方」=「迷える百合達」と「CORKSCREW」をきいてみると良いと思います。

e. 少ない人数で、かつ秘密裏にコトを進めたほうが、成功の可能性は高いのだ。

f. 彼が社を辞めてしまったあと、由加里は何となく空虚で物足りない気分に襲われている。おそらくそれは舞も同じで、少ない人数で長年ともに困難な仕事をこなしてきた間柄というのは、自覚している以上に密なものだったのかもしれない。　　　　　　（いずれも BCCWJ）

被修飾名詞が「数、量、〜数（複合語）、〜量（複合語）」である例に関して、数量を表す形容詞が、被修飾名詞が示す対象そのものの数量を直接表さないことはたしかであるが、数量形容詞が働く機能と、その場合の次元と次元が成り立つ機能に関しては今後の課題とさせていただきたい。第 6 章でその課題についてもう少し詳しく説明する。

6. 本章のまとめ

本章では、段階形容詞の修飾のあり方の議論をめぐって、主に「多い／少ない」と「多くの／少しの」の装定用法の比較、先行研究で挙げられている「多い／少ない」が装定する例が容認される理由、つまり「多い／少ない」が装定できたりできなかったりする理由、それから、「少ない」が「多い」より装定の位置に現れやすい原因などを検証した。

本章では上述の 3 つの課題に対して統一的な説明を与えた。「多い／少ない」は段階形容詞として、大主語あるいは被修飾名詞が表すものそのものの数量を直接表さない。つまり、「多い／少ない」

の修飾を受けるもののそのものが複数であると意味しない。かつ、そのような修飾のあり方は、段階形容詞一般的な性質であることを説明している。このように、「多い／少ない」と段階形容詞ではない「多くの／少しの」の違いも説明される。

　そして、一側面として「数／量」を持つものであると解釈できる場合に限って、「多い／少ない」による修飾が可能となる。また、被修飾名詞の解釈が文脈に影響されることを議論し、「多い／少ない」が装定できたり、できなかったりすることを説明している。

　最後に「少ない」が装定する実例に関しても、それらが数量を表す段階形容詞の使用条件に違反していないことを明らかにした。

---

*1　神尾（1977, 1983）は「3台の車、2000ccの車、2本のビン、1リットルのビン」といった例しか挙げてないため、西山（2003）の方を引用することにした。西山（2003）は神尾（1977, 1983）を引用し、その2つのタイプの数量詞について説明を加えている。

*2　(6b) が容認されないのと同じように、下記の (i) の例では下線部を「多くの」に置換することができない。それは述部の「～多いです、～多数ある」といった意味や後接する要素の「～の大半、～大量に、～の少なさ」といった意味と衝突するためである。

(i) a.　数が多い物が多いですので、皆さんチェックアンドディギンを宜しくです。

　　b.　1000円近く取ってコンビニ弁当と同程度の内容だったり量が少ない駅弁は多数ある。

　　c.　ワンド主人公は好き傾向に当てはまるんだけどキャラはいないシチュエーションはすれ違いはあまりなく障害を協力して乗り越えてハッピーエンドになる感じ。パラ上げは複雑ではないんだがとにかく量が多いゲームの大半をパラ上げに費やされる。　　（いずれもjaTenTen11）

*3　(7) の3つの例における「多くのN」は「Nのうちの多く」のようなproportional読みとして解釈されるが、「多くのN」はcardinal読みもできることがTanaka（2006）によって指摘されている。いずれの読みでも、「多くの」は被修飾名詞の数量を直接表している。

(i) a.　proportional読み：$\lambda P \lambda Q. | \frac{P \cap Q}{P} |$ is "large"

　　b.　cardinal読み：$\lambda P \lambda Q. | P \cap Q |$ is "large"

*4　(10) の各例はBCCWJから抽出した「少しの」が装定する例のうちの一部である。それらの例における「少しの」は「少ない」に置換できないと日本語母語話者によって判断されている。

144

＊5　ここで注意すべきことは、集合を表す名詞句であることと複数を表す名詞句であることは同義ではないということである。「人々」という表現は第4章の(34b)における「人間」と同じ解釈にならず、「＊人々は数が多い」は容認されない。それと同じく、「学生たち」という複数表現は、話者が想定している1つの集合の概念である「学生」とは異なるものである。「＊多い学生たちが歩いてきた」も容認されないままである。

＊6　「ただでさえ」と共起する例として、以下の6例がある。これらの例における被修飾名詞も要素の数が決まっている集合あるいは、量的に決まっているものであると解釈される。それらの名詞句が集合あるいは、量的に決まっているものとして解釈されるのは「ただでさえ」によって決まるのではない。ただ、「ただでさえ」と共起することは、その名詞句は数量が決まっていることを示唆している。

(i) a.　発病後長期間を経過した再生不良性貧血患者では，免疫抑制療法に対する反応性がきわめて悪いことが知られているが，これは発症後に受けた輸血によって，ただでさえ数が少ない造血幹細胞がフリーラジカルによって傷害を受けたことが影響している可能性がある。

　　b.　何といっても、キエーヴォサポーターの絶対数が少ないです。キエーヴォが人気がないという意味ではなく、キエーヴォの根拠地の地区自体が小さい地区なのです。また、ただでさえ数が少ないキエーヴォサポーターが、行儀よく振る舞うことをポリシーにしているため、実におとなしいです。（キエーヴォは1つのサッカークラブである）

　　c.　ただでさえ数が少ないモデルで木組み仕様を少し変えるなどと、なんでこんな面倒くさいことをやるかということですが、理由はAタイプでは少しでも楽に接着ができるようにとの配慮からです。

（いずれも jaTenTen11）

(ii) a.　これがやられるとまずいことになる。ただでさえ少ない弾薬が補給不可能になる。

　　b.　ただでさえ少ない給料から社会保険料が2カ月分もまるまる引かれてしまうのは、はっきりいって痛手だ！

　　c.　二日というもの、ただでさえ少ない糧食をもっと減らしてやったのであります。

（いずれも BCCWJ）

＊7　「〜が少ない＋N」だと思われる例、被修飾名詞は「わけ／ため／こと／はず／ほう／とき／日…」である例、(i)のような「より／残り／比較的／最も／数少ない＋N」などの例は除外されている。

(i) a.　私たちはより少ない労力で物事を生み出すために、この情報を実際に使うことができるのか？

　　b.　親父にとって残り少ない人生の証にもなる気がする。

　　c.　比較的少ない保険料で死亡保障（＝遺族の生活資金に対する保障）を得ることができる。

　　d.　一方、少ないところは東京（3.5人）、大阪（4.8人）、宮城（6.0人）等で、最も多い山梨と最も少ない東京では約4.5倍の格差があり、昭和五十七年の約4.0倍に比べると、その差は大きくなっている。

　　e.　私は数少ない外国人記者席に座る機会に恵まれたが、その荘厳さと華

麗さは、いまでも鮮やかに覚えている。
＊8 「少ない」がこの文に生起できるかどうかについては、母語話者にも判断の揺れがある。

第6章
結　論

　本研究では、現代日本語の数量を表す形容詞に注目し、主に以下
の3つの現象を取り扱った。第一に、「多い／少ない」が他の形容
詞と異なり、装定用法と述定用法の両方において使用制限があるこ
と、第二に、「多い／少ない」の類義語類が単独で装定、述定でき
ること、第三に、先行研究でいくつかの「多い／少ない」が装定で
きる例が挙げられていることである。

　本章では、本書における第2章以下の主張を振り返り、第1章で
提示した幾つかの現象に対して、どのような解釈が与えられるのか
を示す。

　また、上述の現象以外に、現代日本語の数量形容詞に関して、本
研究では取り扱えなかった現象がある。1つは、「多い／少ない」
が「数／量」と「～数／～量（複合語）」を修飾する場合である。
もう1つは、「多い／少ない」が他の形容詞と異なり、ニ格と共起
でき、存在構文に現れるということ。そこで、本章では、本研究の
研究対象と関連する上述の現象を紹介し、本研究の今後の展望を示
す。

1.　各章のまとめ

　本研究の主張は、以下の2つの観点から、本研究の筋が整理され
ると考えられる。

　第一に、本研究では、①「多い／少ない」に使用制限がある原因、
②その類義語類の「おびただしい、膨大だ、豊富だ、潤沢だ、稀少
だ、わずかだ」が単独で述定、装定できる原因、③「多い／少な
い」が装定できるいくつかの例が容認される原因という3つの現象
について統一的な説明を与えた。

第二に、本研究では、「多い／少ない」が装定用法と述定用法の両方において使用制限があることについて統一的な説明を行った。

　まず、第2章では、先行研究を4つの立場に分類している。内在的形容説、存在意味説、相補分布説、比較意味説という4つの立場である。内在的形容説に対しては、②と③の現象を説明できないという点を指摘した。存在意味説に対しては、「多い／少ない」が存在の意味を表すことと装定できないことの関係を議論し、両者が必ずしも関係があるとは考えられないことを指摘した。相補分布説に対して、主に「多い／少ない」と「多くの／少しの」が装定する場合の機能がそもそも異なることを指摘した。比較意味説に対しては、比較を含意することは「高い、長い、広い」などのような形容詞も同様であることを指摘した。上述の3つの現象を同時に説明するために、本研究では「数量を表す形容詞」を「数量を表すこと」と「形容詞であること」の2つの側面に分けて議論している。

　「数量を表す」という点で、「多い／少ない」とその類義類は同じであるが、形容詞として異なるタイプの形容詞である。それを以下の表1にまとめられる。第3章では、「多い／少ない」とその類義語類が段階性において、違いを示すことを議論した。「多い／少ない」は非有界の概念を表す段階形容詞であり、その類義語類は有界の概念を表す形容詞である。したがって、類義類は比較を含意せず、「多い／少ない」と文中での機能が異なるため、装定と述定が可能なのである。

表1：「多い／少ない」とその類義語類

数量を表す形容詞	使用制限がある	多い、少ない	段階形容詞	open scale	非有界
	使用制限がない	豊富だ、潤沢だ、稀少だ		closed scale	有界
		おびただしい、わずかだ、膨大だ	非段階形容詞		

　第4章ではさらに「多い／少ない」の段階形容詞としての本質を説明した。「多い／少ない」が非有界の段階形容詞として、個体な

いし集合をスケールに写像する測量関数であること、つまり、「多い／少ない」が個体ないし集合を写像するだけで、文の真理値が「多い／少ない」によって決まるものではなく、その個体あるいは集合をスケールに位置付け、その個体あるいは集合が比較される対象となること、比較の基準が文脈によって提供されることを主張した。しかし、この点に関しては、「高い、長い、広い」などのような段階形容詞も同様であるため、それによって「高い、長い、広い」と「多い／少ない」の違いは説明できない。そこで、「多い／少ない」の使用制限はそれらが相対的な概念を表すことによるのではなく、「多い／少ない」が同時に数量を表すことと測量関数を表すことの結果であると結論づけた。「多い／少ない」が単独で使われる場合は「数」を叙述ないし修飾しなければならないが、「数」によって構成されるスケールに写像されるものには〈定〉の集合である必要があることを論じた。

　第5章では、先行研究で挙げられている「多い／少ない」が装定できる例を中心に論じている。主に、段階形容詞の修飾のあり方を3つの側面から議論している。まずは「多い／少ない」を「高い」と対照しながら、段階形容詞の一般的な性質として、「多い／少ない」は直接大主語と被修飾名詞が表すそのものを量化しないと結論づけている。

　また、名詞句の解釈が文脈に影響されることを議論した。それを踏まえ、被修飾名詞が同じであっても、「多い／少ない」による修飾を受けたり、受けなかったりすることが適切に説明される。

　さらに、「多い／少ない」が個体ないし集合をスケールに写像する測量関数を表すということは、「多い／少ない」がそもそも被修飾名詞の数量を直接表さないことを意味するため、「3個の、3人の」のような数量詞、「多くの、少しの」といった連体数量詞との違いも自然に帰結することを示した。

　最後に、「少ない」が「多い」より装定する実例が多くあるという現象に対して考察した。それらの「少ない」が装定する例は、数量を表す段階形容詞の使用条件に違反していないことを示し、「少ない」の意味的な特徴を分析し、それは「少ししかない」と互換性

が高いことも分かり、「少ない」には話者の否定的な評価を含意すると議論した。それが「少ない」が装定の位置に現れやすいことと関係すると結論づけた。

2. 本書の意義

　本書では、「多い／少ない」の使用制限を解釈するにあたって、日本語の形容詞の機能、日本語の非有界の段階形容詞の意味といった課題に関する議論も行なった。

　中国語と形容詞と対照しながら、日本語の形容詞の装定用法は限定的な機能しか持たないという先行研究の観点に反論し、形容詞の文中での機能に関して、形容詞の有界性とそれが働く機能の関係という観点から議論を行った。形容詞の装定用法の非限定的機能を討論する研究は他にもあるが、それらは、別の観点からの議論である（八亀（2008）は形容詞の装定用法の機能はより広い範囲の文脈において考慮する必要があると述べている）。

　今後の日本語形容詞の研究では本研究で明らかにした形容詞の文中での機能はその形容詞の段階性、有界性と関係する観点からも分析する必要があるだろう。また、本研究では中国語と英語の形容詞に関する研究も視野に入れている。他の言語との対照研究が日本語の形容詞の性質の解明に役立つことを示唆している。

　また、本書では、形式意味論の先行研究を参考に段階形容詞が測量関数を表すという知見を参照しているが、英語の段階形容詞と日本語の段階形容詞の違いを指摘した上で、段階形容詞が表す次元という概念だけでは、日本語の段階形容詞を正しく記述することができないことを主張し、次元以外に、次元が成り立つ領域という概念を提案した。それを踏まえ、段階形容詞は直接被修飾名詞を修飾しておらず、次元が成り立つ領域を直接修飾することを示した。

　英語の段階形容詞は本研究で注目した冗長表現と二重主語構文での生起可能性において日本語と中国語と違いを示す以外に、メジャーフレーズと共起する場合も日本語と違う解釈になる。英語の段階形容詞はメジャーフレーズと共起する場合が絶対解釈となり、日本

語の場合は相対解釈となる。

　今後の段階形容詞の研究では、英語の段階形容詞と他の言語の段階形容詞の違いを配慮することが役立つはずである。

3.　今後の課題と展望

この節では、本研究の研究対象と関連する2つの課題を提示する。

3.1　「多い／少ない」の次元と次元が成り立つ領域

　第4章では、「多い／少ない」が表す次元を「数^d」として設定している。(1) で示すように、数量が表されるものが可算名詞であれば、「多い／少ない」の次元は「数」であり、不可算名詞であれば「量」であることと述べていた。

(1)　a.　京都は寺が多い。　　　　　　　　（第4章 (38a) の再掲）

　　　b.　卵はコレステロールが多い。　　　（第4章 (39b) の再掲）

　上述の2つの場合以外に、以下の3つの場合もある。第一に、「数」と「量」以外に、主語が出来事と解釈され、次元が「回数／頻度」であると考えられる場合である。(2) がその例である。(2) の各例は (3) のように解釈されると考えられる。すなわち、(2) における「多い／少ない」が表すスケールも、「0, 1, 2…」という自然数によって構成されるものであり、数量が表されるものである「行事、故障、喧嘩、誤配」の性質に応じて、スケールの度合いは「0回、1回、2回…」になり、「多い／少ない」の次元は「回数」であると解釈される。その場合、次元はやはり「数^d」であると考えて矛盾はない。

(2)　a.　秋の学校は行事が多い。

　　　b.　最近の車、バイクは故障が少ない。

　　　c.　年子の男の子は喧嘩が多い。

　　　d.　郵便局は誤配が多い。　　　　　　　　　　（いずれも BCCWJ）

(3) a. 秋の学校は行事の回数が多い。

　　 b. 最近の車、バイクは故障の回数が少ない。

　　 c. 年子の男の子は喧嘩の回数が多い。

　　 d. 郵便局は誤配の回数が多い。　　　　　（いずれも作例）

　このように「XはYが {多い／少ない}」において、Yが次元が成り立つ領域を表し、その性質に応じて、「多い／少ない」の次元は「数」、「量」、「回数／頻度」であると解釈される。それらはすべて「数^d」として通常は言語化されない。

　第二に、Yが上述の3つの状況と異なり、「〜数、〜量」の複合語である場合がある。その場合、Yは単に次元が成り立つ領域を表すのではなく、複合語の前項が領域に、後項が次元に対応すると考えることができる。例えば、(4) における「Yが {多い／少ない}」の部分はそれぞれ「花びらの数が多い、日の数が少ない、水の量が少ない、カテキンの量が多い、メラニンの量が少ない」の意味を表している。すなわち、次元と次元が成り立つ領域の両方が言語化されていると考えられるのである。

(4) a. 生育がよい株は花数が多く、トラス花房もまとまる。

　　 b. 二月は日数が少ないから、何事もてきぱきやらねばならないと考える片端から、あれこれと思いもかけない事件が身辺に起り、あっという間に、もう三月を迎えてしまった。

　　 c. …矢作川は水量が少ないので全長三十一―四十センチメートルの個体が大きいほうで、それ以下の個体が多い。

　　 d. 特に煎茶はカテキン含有量が多い。

　　 e. 白人は表皮のメラニン量が少ないために焼けにくいのですが、日本人をはじめとした有色人種の場合、よほどうまい方法を考えないと脱毛と同時にヤケドも起こしてしまうはずです。　　　　　（いずれも BCCWJ）

　さらに、「XはYが {多い／少ない}」において、Yが「人口」で

152

ある例があるが、その場合、次元と次元が成り立つ領域はそれぞれ
何だろうか。「人口の数が {多い／少ない}」とは解釈されないため、
単なる次元が成り立つ領域とは考えられない。すなわち、「人口」
について、多いか少ないかと述べる場合、人口が複数あるという解
釈にはならない。ここでは、「人口」を「人の数」であると解釈し、
上述の複合語の場合と同じく、次元と次元が成り立つ領域の両方を
含むと考えるのが妥当である。

(5) a. 中国は人口が多く、経済水準はきわめて低かったので
   あるから、今日の「改革・開放」に見られる発展推進
   政策がひとたびとられれば、発展の初期段階で経済成
   長が著しいのは当然である。

   b. 国内は人口が多いだけに患者人口も日本とは桁外れに
   多かった。

   c. 能登半島の富山湾側は人口が多く、バックパッキング
   しにくい。

   d. 荊州は人口が少ないというが、それは戸籍が不備だか
   らでもある。　　　　　　　　　　　　（いずれも BCCWJ）

　本研究では、言語化されていない意味要素の次元の「数^d」の存
在を仮定しているが、上述のように、もし Y が「〜数、〜量」と
いう複合語である場合と「人口＝人の数」である場合、Y が次元と
次元が成り立つ領域の両方を同時に表していると考えるのであれば、
(1) と (2) の場合を含め、次元の「数^d」が言語形式で現れる場合
と現れない場合があるということになる。このことは、「高い」の
ような段階形容詞についても同様に当てはまる。「高い」の次元に
ついては、「高さ^d」の存在を仮定しているが、(6) のように「車高、
体高、波高、鼻高、座高」といった複合語があり、それらの語彙に
おける「〜高」も「高さ^d」の具現であると考えられる。

(6) a. 車高が高い車
   b. 体高が高い犬

c. 波高が高い日

d. 鼻高が高い人

e. 座高が高い人　　　　　　　　　（いずれも作例）

　一方、(1)、(2)、(3) における「多い／少ない」と、(4)、(5) における「多い／少ない」は表す意味が異なり、「多い／少ない」が多義であるという説明の仕方も可能である。

　そこで、今後の課題として、言語の形式上に現れていない意味要素の存在を仮定することの他のメリットがあるかを検証すること、さらには、意味要素がどのように言語形式として具現化するかについて考察を深めることが必要であると考えられる。

3.2　数量と存在

　本研究では、「多い／少ない」が存在の意味を表すこととその使用制限の関係を第2章で議論し、存在意味説の問題点を指摘したが、「多い／少ない」が、存在構文の特徴であるニ格と共起でき、他の段階形容詞がニ格と共起できないことも事実である。この「多い／少ない」がニ格と共起できることがどのようにそれらの振る舞いに影響するかを今後考える必要があると考える。

　なぜならば、まず「多い／少ない」が存在物を修飾できない理由は他の説明も考えうるためである。第4章で、「多い／少ない」が存在物を修飾できない理由については、存在物が〈不定〉の任意の部分を表しているからだと説明した。一方、「多い／少ない」はそもそもニ格と共起できるため、(7a) の構造は (7b) ではなく、(7c) であるという可能性もあると考えられる。それは「多い／少ない」は (8) の各例における「たくさんある」と置き換えることができない一方で、(9) のような用法も持つため、「〜に {多い／少ない}」と「〜に {たくさんある／いる}」は異なる機能を持って働くと考えられるからである。

(7)　a. *図書館に多い専門書がある。　　　（第2章 (12a) の再掲）

　　　b. ［図書館に［多い専門書］がある］

c. [[[図書館に多い] 専門書] がある]

(8) a. 付近にたくさんある島同様、N島も農と漁の自給自足
　　だったが、ここの農というのは主に花作りで、矢田の
　　ばあちゃんの家でも昔は一家で花を作っていた。

b. 週末には「バーレー一家」と連れだって、このあたり
　　にたくさんある砂浜に出かけた。

c. 市内にたくさんある温泉！

d. そこで、私たちはやむをえず社交の楽しみはあきらめ、
　　埋め合わせに、このあたりにたくさんいる野兎を追い
　　かけることにした。

e. 口の中にたくさんいる細菌が虫歯の穴を通して血液中
　　に入っていきます。

f. そんな中、壁際に少ししかない椅子席をちゃっかり確
　　保して臨戦態勢へ。いやさ私もうかなりおばちゃんな
　　もんでこういう複数出るイベントだと座れないとかな
　　りきついのよ…なんでいつもかなり早い時間に来てい
　　る訳です。

g. ジーク君、学生は青い春をエンジョイできる一生に少
　　ししかない期間なんだよ。

h. 3桁いっとるわボケって言われました。親のギター引い
　　てる姿をみたことないのでわかりませんがそんなに凄
　　いギターがあるんですか？世界に少ししかないエック
　　リプトンさんのエレキギターってありますか？

(いずれも BCCWJ)

(9) a. 在日韓国人に多い名字・姓を教えてください。

b. 京都に多い苗字は「川勝」である。

c. 思春期に多い問題行動は、他人から見た自分の存在に
　　自信を持つことができないことから起こる。

d. オナガは埼玉、千葉、東京などに多い鳥でしたが、次
　　第に分布を広げ、現在は北は青森、西は福井、岐阜の
　　あたりまでいます。

第6章　結論　　155

e. 子宮ガン、乳ガン、卵巣ガンなど女性に多いガンについてはすでにお話しましたが、胃ガン、肺ガン、大腸ガン、肝臓ガンなどもこれからふえてくる年代です。

f. 高齢者や欧米人に多い疾患ですが，最近は日本でも若い人に見られるようになりました。　（いずれも BCCWJ）

（8）における二格はただの存在の場所を提示しているが、（9）においては、「〜に多いN」の全体がNの下位集合を表す。（8）と（9）の対照から、「多い／少ない」は単に二格と共起できるというだけでなく、二格の機能を再検討する必要があると考える。

　上述の問題には、「多い／少ない」が現れる存在文のタイプの違いが関係していると考えられる。西山（1994）、金水（2006）は、存在文を幾つかのタイプに分類し、異なるタイプの存在文は、意味とその統語的な振る舞いが異なることを示している。

　西山（1994）は、存在文を「場所表現を伴うタイプ」と「場所表現を伴わないタイプ」に分けている。

I　場所表現を伴うタイプ
　　(i)　場所・存在文　　（例：机の上にバナナがある）
　　(ii) 所在文　　　　　（例：おかあさん、台所にいる）
　　(iii)所在コピュラ文　（例：おかあさんは、台所です）
　　(iv)指定所在文　　　（例：その部屋に誰がいるの。…洋子がいるよ）
　　(v)　存現文　　　　　（例：おや、あんなところにリスがいるよ）

II　場所表現を伴わないタイプ
　　(i)　実在文　　　　（例：ペガサスは存在しない）
　　(ii) 絶対存在文　　（例：太郎の好きな食べ物がある）
　　(iii)所有文　　　　（例：田中先生には借金がある）
　　(iv)準所有文　　　（例：フランスには国王がいる）
　　(v)　リスト存在文（例：甲：母の世話をする人はいないよ。
　　　　　　　　　　　　　　乙：洋子と佐知子がいるじゃないか。）

金水（2006）は、存在文を大きく空間的存在文と限量的存在文に分類している。空間的存在文は物理的な空間と存在対象との結びつきを表し、限量的存在文は特定の集合における要素の有無多少について述べる表現であると説明している。

I　空間的存在文
　(i)　所在文　　　（例：お父さんは会社にいる。）
　(ii)　生死文　　　（例：お父さんはもういません。）
　(iii)実在文　　　（例：シャーロック・ホームズはいません。）
　(iv)眼前描写文　（例：あ、子供がいる。）

II　限量的存在文
　(i)　部分集合文　（例：最近は、教科書以外の本は一冊も読
　　　　　　　　　　　　まない学生が｛いる／ある｝）
　(ii)　初出導入文　（例：昔、ある山奥の村に、太郎という男
　　　　　　　　　　　　の子が｛いた／あった｝）
　(iii)所有文　　　（例：私には婚約者が｛いる／ある｝）
　(iv)リスト存在文（例：A社のブレーンにはニュートン、ア
　　　　　　　　　　　　インシュタイン、湯川秀樹が｛ある
　　　　　　　　　　　　／いる｝）

　西山（1994）の「所在文、所在コピュラ文、指定所在文」は金水（2006）の「所在文」に、西山（1994）の「存現文」は金水（2006）の「眼前描写文」に、西山（1994）の「絶対存在文」は金水（2006）の「部分集合文」に対応すると思われる。両者の違いは、西山（1994）の「場所・存在文」が金水（2006）の分類にないという点である。金水（2006）の「初出導入文」は、西山（1994）の分類に対応するものがない。
　金水（2006）は限量的存在文の典型は「部分集合文」であり、限量的存在文では、ニ格は対象の有無多少を判断する際の領域、すなわち命題が成り立つ世界を規定する「世界設定語」であると述べている。(9)の各例におけるニ格は、金水（2006）のいう「多少

を判断する際の領域」の機能を持つと考えられるが、さらに詳しく検討する必要があると考える。

　また、「多い」が（10）のような所在文、存現文と思われる文では現れにくいことが指摘されているが、母語話者によって、判断が異なる場合もあるため、「多い／少ない」が所在文、存現文に現れないとは必ずしも断言できない。

(10)a.　エビはバケツの中にある。→ ?? エビはバケツの中に多い。

　　 b.　雪の上に子供たちの足跡がある。→ ?? 雪の上に子供たちの足跡が多い。　　　　　　　　　　（いずれも佐野2017）

　したがって、「多い／少ない」が存在文に現れることがいかにその振る舞いを影響するかを検討するためには、「多い／少ない」が現れる存在文のタイプを詳しく見る必要があると考えられる。

参考文献

荒正子（1989）「形容詞の意味的なタイプ」『ことばの科学』3: pp.147–162.
　　言語学研究会編．むぎ書房

今井忍（2012）「なぜ「多い学生」「少ない本」と言えないのか—〈存在〉の意
　　味成分に基づく再検討—」『日本語・日本文化』第38号：pp.53–80．大阪
　　大学

今仁生美・宝島格（2008）「「少し・少ない」及び「たくさん・多い」の意味論
　　的分析」『名古屋学院大学論集　言語・文化篇』19巻2号：pp.13–23．名
　　古屋学院大学

大島資生（2010）『日本語連体修飾節構造の研究』ひつじ書房

岡智之（2002）「存在構文に基づく日本語諸構文のネットワーク—日本語文法
　　論への存在論的アプローチ」山梨正明他編『認知言語学論考2』pp.111–
　　156．ひつじ書房

小川芳樹・新国佳祐・和田裕一（2020）「「Xは高い」と「Xは高さがある」の
　　比較から見た尺度構文の統語構造」由本陽子・岸本秀樹編『名詞をめぐる
　　諸問題：語形成・意味・構文』pp.150–173．開拓社

尾上圭介（1998）「文法を考える　主語（4）」『日本語学』17巻3号：pp.96–
　　103．明治書院

尾上圭介・木村英樹・西村義樹（1998）「二重主語とその周辺」『言語』11:
　　pp.90–108．大修館書店

神尾昭雄（1977）「数量詞のシンタックス—日本語の変形をめぐる論議への一
　　資料」『言語』6-9: pp.83–91．大修館書店

神尾昭雄（1983）「名詞句の構造」井上和子編『日本語の基本構造』pp.77–
　　126．三省堂

加藤重広（2009）「日本語形容詞再考」『北海道大学研究科紀要』129: pp.63–
　　89．北海道大学

木下りか（2004）「形容詞の装定用法をめぐる一考察—「多い」「遠い」の場
　　合」『大手前大学人文科学部論集』5: pp.25–35．大手前大学

金水敏（1986）「名詞の指示について」『筑島裕博士還暦記念国語学論集』
　　pp.467–490．明治書院

金水敏（2006）『日本語存在表現の歴史』ひつじ書房

久島茂（2010）「形容詞の意味—「多い」を中心として」澤田治美（編）『ひつ
　　じ意味論講座第1巻　語・文と文法カテゴリーの意味』pp.173–190．ひつ
　　じ書房

工藤真由美（2002）「現象と本質—方言の文法と標準語の文法」『日本語文法』
　　2-2: pp.46–61．日本語文法学会

佐久間鼎（1958）「修飾の機能」『日本語文法講座5　表現文法』明治書院

佐野由紀子（2016）「「多い」の使用条件について」『日本語文法』16巻2号：pp.77–93. 日本語文法学会

佐野由紀子（2017）「多寡を表す形容詞と存在表現について」森山卓郎・三宅知宏編『語彙論的統語論の新展開』pp.33–45. くろしお出版

田中秀毅（2015）『英語と日本語における数量表現と関係節の解釈に関する記述的・論理的研究』開拓社

田中秀毅（2018）「「多い」の装定用法と述定用法について」『摂大人文科学』25: pp.51–73. 摂南大学

趙寅秋（2015）「次元形容詞の多義性についての日中対照研究—日本語の三次元形容詞「太・細」、「厚・薄」、「大・小」と中国語の三次元形容詞〈粗・細〉、〈厚・薄〉、〈大・小〉を中心に」博士論文. 九州大学

寺村秀夫（1984）「形容詞の働きには何がひそんでいるか」『國文学—解釈と教材の研究』19-6: pp.99–105. 學燈社

寺村秀夫（1991）『日本語のシンタクスと意味III』くろしお出版

中川正之（1975）「多・遠と的—日本語との比較から」『アジア・アフリカ語の計数研究』1号: pp.31–45. 東京外国語大学

中東靖恵（1996）「不定数量形容詞「多い」「少ない」の意味論的・統語論的考察」『ことばの研究』8: pp.54–67. 長野県ことばの会

仲本康一郎（2012）「形容詞の段階性構造」『山梨大学教育人間科学部紀要』14-21: pp.288–297. 山梨大学

西尾寅弥（1972）『形容詞の意味・用法の記述的研究』秀英出版

西山佑司（1994）「日本語の存在文と変項名詞句」『慶応義塾大学言語文化研究所紀要』26: pp.115–148. 慶応義塾大学

西山佑司（2003）『日本語名詞句の意味論と語用論—指示的名詞句と非指示的名詞句』ひつじ書房

仁田義雄（1975）「形容詞の結合価」『文芸研究』79: pp.59–69. 明治大学

仁田義雄（1980）『語彙論的統語論』明治書院

丹羽哲也（2004）「名詞句の定・不定と「存否の題目語」」『国語学』第55券2号: pp.1–15. 日本語学会

服部匡（2002）「多寡を表す述語の特性について」玉村文郎編『日本語と言語学』pp.61–74. 明治書院

樋口文彦（1996）「形容詞の分類—状態形容詞と質形容詞」『ことばの科学』7: pp.39–60 言語学研究会編. むぎ書房

平塚徹（1996）「〈形容詞句＋繋辞＋主語〉型の倒置構文」『フランス語学研究』30（1）: pp.27–33. 日本フランス語学会

包雅梅（2021）「「多い／少ない」とその類義語の「おびただしい／わずかだ」の違い—形容詞の段階性と有界性から」『日本語・日本文化研究』第31号: pp.74–87. 大阪大学

包雅梅（2022a）「「多い／少ない」の段階形容詞としての特徴について—段階形容詞「高い」との比較から」『間谷論集』第16号: pp.63–81. 日本語日本文化教育研究会

包雅梅（2022b）「段階形容詞の修飾のあり方—段階形容詞とその次元が成り立

つ領域との関係に基づく分析」『日本語・日本文化研究』第32号：pp.94–108．大阪大学

堀口和吉（1995）『「〜は〜」のはなし』ひつじ書房

まつもとひろたけ（1979）「に格の名詞と形容詞とのくみあわせ—連語の記述とその周辺」『言語の研究』pp.203–313．言語学研究会編．むぎ書房

三宅知宏（1993）「日本語の連体修飾節について」『高度な日本語記述文法書作成のための基礎的研究』pp.94–105．平成4年度科学研究費補助金総合研究（A）研究成果報告書．

守矢信明（1983）「場所の格助詞《ニ》と《デ》の統辞論的特性—動詞との関係からみたふるまい」『香川大学一般教育研究』24: pp.59–75．香川大学

八亀裕美（2004）「形容詞の文中での機能」『阪大日本語研究』16: pp.51–65．

八亀裕美（2008）『日本語形容詞の記述的研究—類型論的視点から』明治書院

八亀裕美（2021）「〈存在〉を表す形容詞が述語となる文—存在から特性、可能性へ」『琉球アジア文化論集』7: pp.111–128．琉球大学

安井稔・秋山怜・中村捷（1976）『形容詞　現代の英文法第7巻』研究社

吉田光演（2007）「名詞句の可算性と不可算性の区別—言語比較の観点から」『欧米文化研究』第14号：pp.33–48．広島大学

Wellwood, A.（2019）. *The meaning of more*（Vol. 12）. Oxford University Press.

Bolinger, D.（1972）*Degree Words*. Mouton & Co., The Hague. Paris.

Burnett, H.（2017）*Gradability in Natural Language*. Oxford University Press.

Carlson, L.（1981）"Aspect and Quantification." *Tense and Aspect* 14. pp.31–64. Brill.

Cresswell, M. J.（1976）"The semantics of degree." In B. Partee（ed.）*Montague Grammar*. pp.261–292. New York: Academic Press.

Cruse, A.（1986）*Lexical Semantics*. Cambridge University Press.

Declerck, R.（1979）"Aspect and the bounded/unbounded（telic/atelic）distinction." *Linguistics* 17. pp.761–794.

Heim, I. & Kratzer, A.（1998）*Semantics in Generative Grammar*. Oxford: Blackwell Press.

Jackendoff, R.（1983）*Semantics and Cognition*. MIT Press.

Jackendoff, R.（1990）*Semantic structures*. MIT Press.

Jespersen O.（1924）*The Philosophy of Grammar*. London: Allen& Unwin.

Kamp, H.（1975）"Two theories of Adjectives." In E. Keenan（ed.）*Formal Semantics of Natural Language*. pp.123–155. Cambridge University Press.

Klein, E.（1980）"A semantics for positive and comparative adjectives." *Linguistics and Philosophy* 4. pp.1–45.

Klein, E.（1982）"The interpretation of adjectival comparatives 1." *Journal of linguistics* 18-1. pp.113–136.

Klein, E.（1991）"Comparatives." In von Stechow, A. & D. Wunderlich（eds.）*Semantik: Ein internationales Handbuch der zeitgenössischen Forschung*. pp.673–691. Berlin: Walter de Gruyter.

Kennedy, C.（1999a）*Projecting the Adjective: The Syntax and Semantics of Gradability and Comparison*. New York: Garland.

Kennedy, C.（1999b）"Gradable adjectives denote measure function, not partial function." *Studies in the Linguistic Sciences* 29. pp.65–80.

Kennedy, C.（2001）"Polar Opposition and the Ontology of 'Degrees'." *Linguistics and Philosophy* 24. pp.33–70.

Kennedy, C.（2007）"Vagueness and grammar: the semantics of relative and absolute gradable adjectives." *Linguist Philosophy* 30-1. pp.1–45.

Kennedy, C & L. McNally（2005）"Scale Structure, Degree Modification, and the Semantics of Gradable Predicates." *Language* 81. pp.345–381.

Langacker, R. W.（1987）"Nouns and verbs." Language 63-1. pp.53–94.

Paradis, C.（2001）"Adjectives and boundedness." *Cognitive Linguistics* 12-1. pp.47–65.

Quirk, R., S. Greenbaum, G. Leech and J. Svartvik（1972）*A grammar of contemporary English*. London: Longman.

Rett, J.（2018）"The semantics of many, few, and little." *Language Linguist Compass* 12-1. e12269

Sapir, E.（1944）"Grading: A study in semantics." *Philosophy of Science* 11. pp.93–116.

Solt, S.（2008）Many and Diverse Cases: Q-adjectives and Conjunction. In Atle Grønn（Ed.）*Proceedings of SuB* 12. pp.597–612. Oslo: Dept. of Literature, Area Studies and European Languages, University of Oslo.

Solt, S.（2015）"Q-adjectives and the semantics of quantity." *Journal of Semantics* 32. pp.221–273.

Svenonius, P. & Kennedy, C.（2006）"Northern Norwegian Degree Questions and the Syntax of Measurement." *Phases of interpretation* 91. pp.133–161.

Tanaka, T.（2006）"Lexical Decomposition and Comparative Structures for Japanese Determiners." *Semantics and linguistic Theory* 16. pp.277–294.

蔺璜（2002）「状态形容词及其主要特征」『语文研究』第 2 期：pp.13–16.

朴正九（2016）「从类型学视角看汉语形容词谓语句的信息结构」『中国语文』4: pp.387–396.

史有為（1984）「性质形容词和状态形容词琐议」『汉语学习』02: pp.10–21.

石毓智（1991）「现代汉语的肯定性形容词」『中国语文』第 3 期：pp.167–174.

石毓智（2000）『语法的认知语义基础』江西教育出版社

石毓智（2001）『肯定和否定的对称与不对称』北京语言文化大学出版社

沈家煊（1995）「"有界"和"无界"」『中国语文』5. pp.367–380.

熊仲儒（2013）「量度范畴与汉语形容词」『世界汉语教学』27-3, pp.291–304.

朱德熙（1956）「现代汉语形容词研究」『语言研究』第 1 期 pp.3–41.

朱德熙（1982）『语法讲义』商务印书馆

朱鹏霄（2012）「日本語の『多寡形容詞』の統語的特徴の分析―コーパスに基づく実証的研究」『日語学习与研究』5: pp.8–15.

张伯江（2011）「现代汉语形容词做谓语问题」『世界汉语教学』第 1 期 pp.3–12.

张国宪（1996）「形容词的记量」『世界汉语教学』第 4 期 pp.33–42 淮北煤炭师范学院

张国宪（2000）「现代汉语形容词的典型特征」『中国语文』第 5 期 pp.447–480.

張国憲（2007）「状态形容的界定和语法特征描述」『语言科学』01, pp.3–14.

周彤（2018）「日語形容詞研究的现状与展望—以詞法学和句法学為中心」『高等日語教育』1：pp.56–68.

王淑琴（2011）「「A―い」と「A―くの」の名詞修飾用法の特徴」『政大日本研究』第八号：pp.69–97. 国立政治大学

あとがき

　本書は大阪大学に提出した博士論文の「現代日本語の数量を表す形容詞の研究―段階形容詞としての性質に基づく分析―」を基にしている。

　数量を表す形容詞を研究対象にしたきっかけは、日本語母語話者に中国語を教えていた際に、学習者の形容詞の誤用が多いと気づいたことである。それを受けて、研究対象を形容詞に絞った。また、数量認知は私たちの生活に重要な役割を果たし、数量表現の研究が重要であると考えている。さらに、形容詞のうち数量を表す形容詞が特殊で、それらが装定しにくい現象が日中両言語に見られるため、その原因を解明しようと思ったのである。

　本研究は数量を表す形容詞の「多い／少ない」が他の形容詞と異なり、装定の位置で名詞を修飾しにくいという問題について深く掘り下げ、数量を表すことの意味の理解や、形容詞の文中での機能の理解などを深めることを目的としている。本研究により、「多い／少ない」の使用条件、「多い／少ない」とその類義語類の違いなどの問題に対する新しいアプローチが提案された、中国語と英語の形容詞を視野に入れながら、日本語の形容詞の研究において新たな視点が開かれた。特に、形容詞の段階性とその振る舞いおよび文中での機能と相関することについての考察が深まった。

　当研究では、研究対象が絞られているため、研究成果の一般化には限界もある。今後は、数量を表す形容詞に限らず、日本語の形容詞全般のさらなる詳細な分析や、他の数量表現を取り入れた日本語の数量表現の網羅的研究や、研究成果の応用範囲の拡大に向けたシステマチックな研究が重要であると考えている。これにより、日本語の形容詞の性質のより正しい叙述、日本語の数量表現のあり方の解明に貢献できると期待している。

この研究を遂行するにあたり、多大なる助力とご指導を賜った大阪大学の今井忍教授をはじめ、大阪大学で共に学び、協力していただいた皆様に深く感謝申し上げたい。本研究で苦労していたことといえば、形式意味論の理論の勉強が挙げられる。夏休み中でも勉強会で形式意味論の勉強に付き合ってくれた、今井ゼミの皆さんとの思い出を大切にし、今後とも恐れずにどんどん新しいことを勉強していきたいと思う。

　最後になるが、大学院在学中は幸いに服部国際奨学財団に採用され5年間も奨学金をいただいて、そのおかげで金銭面に困らず、大学院での学びと博士論文の執筆に集中できた。ここで、服部国際奨学財団の支援に感謝を申し上げたい。また、本書は華東理工大学外国語学院の出版助成金と「探索基金（Fundamental Research Funds for the Central Universities）」の助成を受けて出版されたものである。

2025年3月

包雅梅

索　引

い

印象描写　47

き

記述形容詞　58, 59
逆接　137, 138

け

形容詞の修飾のあり方　3
形容詞の文中での機能　3
現象描写文　127
限定する機能　68
限定的修飾　45

こ

肯定　131
個体　31, 53, 125, 126

し

次元　83, 84, 87
次元が成り立つ領域　88, 94, 104, 106,
　118
集合　93, 96, 99, 125, 127
修飾のあり方　120
述定　62
述定用法　5, 31
順序関係　83
状態形容詞　49, 50, 56
冗長表現　85

す

数量詞　36, 119
スケール　58, 61, 81, 83

せ

性質形容詞　49, 50, 56
絶対的解釈　31

そ

相対形容詞　36
相対的解釈　31
装定　v, viii, 66
装定用法　5
相補分布　27, 28
属性　9, 10, 11, 48, 50
属性形容詞　1, 3, 10, 32
測量関数　83, 92, 95
存在意味説　13, 17
存在形容詞　23
存在文　13, 14, 15, 156

た

段階形容詞　2, 33, 54, 81, 82
段階性　2, 54

て

定　109, 110, 127
程度副詞　44

167

と

度合いの集合　83

な

内在的形容説　10
内包　9

に

二重主語構文　85

は

排他的　65
場所存在構文　26
範囲限定の品定め　33, 47
反意語　64

ひ

比較基準　27, 33
比較構文　44, 59, 93
比較対象　37
非限定的修飾　46
非対称　74
非対称性　28, 31, 130
非段階形容詞　2, 54
否定　131, 133, 136
否定的な評価　141
非有界　52, 56
評価形容詞　58, 59, 60
描写機能　49, 51

ふ

複合語　143, 152, 153
不定　109, 110, 126
不特定　127, 128

め

メジャーフレーズ　45

ゆ

有界　52, 56
有界性　52

り

量化対象　37, 38

る

類別機能　48, 51

れ

連体数量詞　5, 121

包雅梅（ほう　がばい）

略歴

華東理工大学講師。海南師範大学外国語学部卒業。大阪大学大学院言語文化研究科（修士課程）・大阪大学大学院言語文化研究科（博士課程）修了。博士（日本語・日本文化）。専門は日本語学、日中対照言語学、コーパス言語学。

主な論文

「「多い／少ない」とその類義語の「おびただしい／わずかだ」の違い―形容詞の段階性と有界性から」（『日本語・日本文化研究』31、2021）、「「多い／少ない」の段階形容詞としての特徴について―段階的形容詞「高い」との比較から」（『間谷論集』16、2022）、「段階形容詞の修飾のあり方―段階形容詞とその次元が成り立つ領域との関係に基づく分析」（『日本語・日本文化研究』32、2022）。

ひつじ研究叢書〈言語編〉第214巻
現代日本語の数量を表す形容詞の研究
The Syntax and Semantics of Japanese Adjectives of Quantity
BAO Yamei

発行	2025年5月1日　初版1刷
定価	6400円＋税
著者	© 包雅梅
発行者	松本功
ブックデザイン	白井敬尚形成事務所
印刷・製本所	三省堂印刷株式会社
発行所	株式会社 ひつじ書房

〒112-0011　東京都文京区千石2-1-2　大和ビル2階
Tel: 03-5319-4916　Fax: 03-5319-4917
郵便振替 00120-8-142852
toiawase@hituzi.co.jp　https://www.hituzi.co.jp/

ISBN978-4-8234-1298-1

造本には充分注意しておりますが、落丁・乱丁などがございましたら、小社かお買上げ書店にておとりかえいたします。
ご意見、ご感想など、小社までお寄せ下されば幸いです。

刊行のご案内

日本語と世界の言語の名詞修飾表現

プラシャント・パルデシ、堀江薫 編　定価 8,800 円 + 税

〈ひつじ研究叢書（言語編）　第 181 巻〉

述語と名詞句の相互関係から見た日本語連体修飾構造

三好伸芳 著　定価 7,000 円 + 税